WALTER STERCHI   KONTENRAHMEN KMU

D1725244

WALTER STERCHI

KONTEN-RAHMEN KMU

SCHWEIZER KONTENRAHMEN FÜR KLEINE UND MITTLERE UNTERNEHMEN IN PRODUKTION, HANDEL UND DIENSTLEISTUNG

SCHWEIZERISCHER
GEWERBEVERBAND

Dieses Buch ist erhältlich:

Verlag des Schweizerischen Gewerbeverbandes
Schwarztorstrasse 26
Postfach 8166
3001 Bern
Telefon 031 381 77 85
Fax   031 382 23 66

Verlag des Schweizerischen Kaufmännischen Verbandes
Hans Huber-Strasse 4
Postfach 687
8027 Zürich
Telefon 01 283 45 21
Fax   01 283 45 65

sowie im Buchhandel

Satz und Druck: Impresso bunddruck AG, Bern

Das Buch erscheint auch in französischer Sprache

ISBN 3-9520486-1-5

KONTENRAHMENKMU

KONTENRAHMENKMU

Zum Geleit

Der immer härter werdende wirtschaftliche Wettbewerb zwingt das moderne Unternehmen zu einer möglichst effizienten, rationellen und kostengünstigen Geschäftsführung. Ein wichtiges Führungsinstrument dazu ist ein transparentes und auf die spezifischen Bedürfnisse des Unternehmens ausgerichtetes Rechnungswesen. Der vorliegende Kontenrahmen KMU wurde als zukunftsgerichtetes Hilfsmittel für die Praxis konzipiert. Er löst das frühere Standardwerk von Herrn Prof. Dr. Karl Käfer ab, welches während mehr als 50 Jahren für das Rechnungswesen in der Schweiz wegweisend war.

Der Schweizerische Gewerbeverband veröffentlicht den neuen Kontenrahmen für KMU in der Überzeugung, dass sich dieses sorgfältig erarbeitete Werk dank der Berücksichtigung der neuesten Erkenntnisse aus Theorie und Praxis zum neuen Standardwerk in der Schweiz entwickeln wird.

Wir sind dem Autor, Herrn Walter Sterchi, und dem hochqualifizierten Fachausschuss von Wissenschaftern und Praktikern, welche die Arbeit begleitet und massgeblich mitgeprägt haben, zu grossem Dank verpflichtet. Ein ganz spezieller Dank gebührt dabei Herrn Professor Dr. Max Boemle, auf dessen umfassende Kenntnisse und Erfahrungen sich der Fachausschuss wesentlich abstützen durfte und der den neuen Kontenrahmen samt Kommentar in hohem Masse aktiv mitgestaltete.

Dr. Pierre Triponez, Direktor
Schweizerischer Gewerbeverband

Vorwort

Der Ausbau des Rechnungswesens in den Unternehmungen, welcher in den zwanziger Jahren unter dem Einfluss der Entwicklung der Betriebswirtschaftslehre eingesetzt hat, führte zu einer Ausweitung der Zahl der geführten Konten. Es lag nahe, zur Gewinnung einer besseren Übersicht, die Einzelkonten systematisch zu numerieren und nach Gruppen zu ordnen, das heisst einen **Kontenplan** zu erstellen. Bestrebungen von staatlichen Stellen und Fachverbänden zur Normierung der Buchführung im Interesse einer erhöhten Vergleichbarkeit führten zu einer Vereinheitlichung der Kontenpläne, wozu ein **Kontenrahmen** das Grundschema liefert.

Mit seinem erstmals 1927 veröffentlichten Kontenrahmen hat der deutsche Betriebswirtschafter Eugen Schmalenbach Theorie und Praxis bis in die heutige Zeit nachhaltig beeinflusst.

Es zeugt für den Weitblick der damaligen leitenden Organe des Schweizerischen Gewerbeverbandes, dass diese früh die Bedeutung von wissenschaftlichen Erkenntnissen auch für die gewerblichen Unternehmungen erkannt haben und 1943 eine aus Wissenschaftern und erfahrenen Praktikern zusammengesetzte betriebswirtschaftliche Kommission eingesetzt worden ist. Diese schenkte dem Rechnungswesen als wichtigem Instrument der Betriebsführung besondere Beachtung. Sie sah im Fehlen eines von der Wissenschaft wie von der Praxis allgemein anerkannten Kontenrahmens eine Ursache für die damalige uneinheitliche und unübersichtliche Gestaltung des Rechnungswesens in zahlreichen Betrieben. Ausländische Vorbilder, etwa der in Deutschland inzwischen obligatorisch gewordene Pflicht-Kontenrahmen, erwiesen sich für schweizerische Unternehmungen als unzweckmässig.

Sollten die begrüssenswerten Bemühungen zur Entwicklung und Vereinheitlichung des Rechnungswesens zwecks Leistungssteigerung der mittelständischen Wirtschaft von Erfolg gekrönt sein, war die Schaffung eines schweizerischen Kontenrahmens unerlässlich.

Auch bei der Durchführung dieses Vorhabens hatte der Schweizerische Gewerbeverband eine glückliche Hand, konnte er doch für die Aufgabe den wohl besten Kenner der theoretischen und praktischen Grundlagen des Rechnungswesens gewinnen: Prof. Dr. Karl Käfer, welcher kurz zuvor seine Lehrtätigkeit an der Universität Zürich aufgenommen hatte.

Es ist das grosse Verdienst von Professor Käfer, dass er sowohl im formellen wie im inhaltlichen Aufbau eigene Wege ging und auf die Mentalität und Bedürfnisse der schweizerischen Wirtschaft Rücksicht genommen hat. Der Grundsatzentscheid, den «Gewerbe-Kontenrahmen» in Abweichung zu dem im Ausland vorherrschenden Prozessgliederungsprinzip, d.h. der Bildung von Kontengruppen gemäss dem Fluss der Werte durch den Betrieb, auf dem Abschlussgliederungsprinzip (Bildung von Kontengruppen nach Aktiven, Passiven, Aufwand und Ertrag) aufzubauen, hat Wesentliches zur Akzeptanz des

Käfer-Kontenrahmens beigetragen. Dies geht auch daraus hervor, dass er zahlreichen Wirtschaftszweigen (es sind über 40) als Grundlage für die Einführung von **Branchenkontenrahmen** diente.

Als **mehrstufiger Kontenrahmen** eignete er sich sowohl für Kleinbetriebe wie für Grossunternehmungen. Seine Anpassungsfähigkeit an die unterschiedlichen Bedürfnisse der Betriebe stellte der Käfer-«Gewerbekontenrahmen» auch dadurch unter Beweis, dass er – ebenfalls in Abweichung zu den ausländischen Kontenrahmen – auf die Verbindung von Finanz- und Betriebsbuchhaltung durch Eingliederung der Betriebsabrechnung ins Kontensystem verzichtet hat, ohne diese jedoch auszuschliessen. Unternehmungen, welche die Betriebsrechnung in die Finanzbuchhaltung integrieren wollten, hatten für diesen Zweck die Kontenklasse 5 zur Verfügung. Die Weitsicht des Verfassers bei der formellen und inhaltlichen Gestaltung des Kontenrahmens kommt auch dadurch zum Ausdruck, dass in der Folge wesentliche Kerngedanken von Professor Käfer von verschiedenen ausländischen Kontenrahmen aufgenommen worden sind. So verwendet der deutsche Industriekontenrahmen 1986 nun ebenfalls das Abschlussgliederungsprinzip und trennt Finanzbuchhaltung und Kostenrechnung.

Für die hohe Qualität der Grundlagenarbeit von Professor Käfer zeugt auch die Tatsache, dass diese bezüglich des formellen und inhaltlichen Aufbaus weitgehend noch dem aktuellen Stand der betriebswirtschaftlichen Forschung entspricht. Bezüglich Terminologie und Gliederung hat sich auch der Gesetzgeber dem Kontenrahmen von Prof. Käfer angepasst. Das Obligationenrecht spricht von Erfolgsrechnung anstelle der Gewinn- und Verlustrechnung und fordert die Trennung von betrieblichen und nicht betrieblichen Elementen, ebenso wie das Brutto-Prinzip.

Seit der ersten, 1947 erschienenen Auflage hat Professor Käfer verschiedene Verbesserungen vorgenommen. Im grundsätzlichen Aufbau wurde jedoch nichts verändert. In den letzten fünf Jahrzehnten haben sich jedoch die Anforderungen an das Rechnungswesen der Unternehmung spürbar erhöht. Ebenso sind die strengeren gesetzlichen Vorschriften (Revision des Aktienrechts in Kraft seit 1. Juli 1992) zu beachten.

Einen nicht zu unterschätzenden Einfluss auf die Gestaltung des Jahresabschlusses üben in jüngster Zeit die Fachempfehlungen zur Rechnungslegung (FER) aus. Diese ergänzen und konkretisieren die gesetzlichen Bestimmungen (FER 0, Ziffer 5) und setzen deshalb für alle buchführungspflichtigen Unternehmungen Massstäbe, auch wenn die Anwendung der FER-Normen nur für Gesellschaften mit börsenkotierten Titeln zwingend ist.

Schon Schmalenbach hatte das Konzept des Kontenrahmens einem höheren Ziel untergeordnet, nämlich der Verbesserung der Betriebsführung durch rasche Bereitstellung von Informationen über den Geschäftserfolg und seine Ursachen. Je schärfer der Wettbewerb und damit verbunden der Zwang zu kostengünstiger Leistungserstellung, desto wichtiger wird für die Unternehmungsführung das Rechnungswesen als Instrument zur wirkungsvollen Überwachung des Betriebsgeschehens. Die Entwicklung des Rechnungswesens in Richtung Management Accounting im weitesten Sinn des Wortes verlangt im Zeitablauf und zwischenbetrieblich zuverlässige, vergleichbare und leicht auswertbare Informationen aus der Finanzbuchhaltung.

Es fehlte deshalb nicht an Gründen, den vor rund 50 Jahren entwickelten Kontenrahmen den neuesten Anforderungen und Erkenntnissen anzupassen. Professor Karl Käfer musste mit Rücksicht auf sein hohes Alter auf eine Mitwirkung verzichten und hat 1993 die Autorenrechte an den Schweizerischen Gewerbeverband abgetreten. Dieser hat deshalb 1994 einem erfahrenen Praktiker des Rechnungswesens für KMU, Herrn Walter Sterchi, eidg. dipl. Buchhalter-Controller, den Auftrag zur Überarbeitung des «Kontenrahmens für Gewerbe-, Industrie- und Handelsbetriebe» erteilt. Er wurde in seiner Arbeit von einem Fachausschuss unterstützt.

Vergleicht man die Zusammensetzung des Expertengremiums 1994 mit jener vor 50 Jahren, fällt auf, dass bei der ersten Ausgabe nicht weniger als vier Universitätsprofessoren mitgewirkt haben. Dies mag damit zusammenhängen, dass es damals an Praktikern mit einer fundierten theoretischen Ausbildung noch mangelte. Diese Lücke ist inzwischen dank der stetigen bedeutenden Anstrengungen zur Aus- und Weiterbildung von Fachleuten des Rechnungs- und Treuhandwesens geschlossen worden. Überdies ging es – angesichts der nach wie vor gültigen Grundlagen des Werkes von Professor Käfer – weniger um konzeptionelle Arbeit (Conceptual Framework) wie vor 50 Jahren. Vielmehr galt es, durch eine breite Mitwirkung der Anwenderkreise dem neuen Kontenrahmen die Akzeptanz zu sichern.

Der Fachausschuss hat einerseits am Bewährten festgehalten, andererseits die neuere Entwicklung in Lehre, Gesetzgebung und Praxis in die Revision einbezogen. Der schwerfällige Titel «Kontenrahmen für Gewerbe-, Industrie- und Handelsbetriebe» wurde aufgegeben und durch die einprägsame Bezeichnung «Kontenrahmen KMU» ersetzt.

Der neue «Kontenrahmen KMU»
– berücksichtigt die Grundsätze ordnungsmässiger Rechnungslegung
– ist anpassungsfähig, klar und übersichtlich
– ermöglicht zweifelsfreie Abgrenzungen und
– erleichtert die Auswertung der Resultate.

Damit entspricht er den von der Theorie aufgestellten Anforderungen. Der «Kontenrahmen KMU» ist das Ergebnis von intensiven Beratungen im Fachausschuss. Es ist durchaus denkbar, dass der eine oder andere Benützer im Einzelfall eine andere Lösung vorgezogen hätte und dafür auch gute Gründe ins Feld führen kann. Die Fachausschussmitglieder haben im Laufe der Beratungen immer wieder mit ihrer Basis Rücksprache genommen. Ein eigentliches Vernehmlassungsverfahren, welches ohne Zweifel zusätzliche Anregungen gebracht hätte, wurde jedoch nicht durchgeführt. Der Fachausschuss ist damit in bester Gesellschaft mit dem Vater der Idee des Kontenrahmens, Eugen Schmalenbach, welcher sich nicht in der Lage sah, «mangels Zeit, über den Entwurf ein parlamentarisches Verfahren zu verhängen und ihn erst in Kraft treten zu lassen, wenn alle Bedenken und Anregungen gehört wurden».[1]

---

[1] Schmalenbach, E.: Der Kontenrahmen, 1. Auflage 1927, Seite 10.

Es ist angesichts des unbestrittenen Revisionsbedarfs sicher zweckmässig, den neuen «Kontenrahmen KMU» der Praxis zu übergeben, damit in der Anwendung Erfahrungen gesammelt werden können.

Ich bin überzeugt, dass er – wie sein Vorgänger während Jahrzehnten – einen wichtigen Beitrag zur Entwicklung des Rechnungswesens und zur Hebung der Leistungsfähigkeit der mittelständischen Betriebe leisten wird.

Prof. Dr. Max Boemle
Universitäten Freiburg und Lausanne

Einleitung des Autors

Als der Schweizerische Gewerbeverband mich anfragte, ob ich bereit wäre, das bekannte Standardwerk «Kontenrahmen für Gewerbe-, Industrie- und Handelsbetriebe» von Professor Karl Käfer zu überarbeiten, war ich mir bewusst, dass mir damit vom Spitzenverband des Gewerbes eine sehr gewichtige Aufgabe übertragen wurde.

Der Kontenrahmen von Professor Käfer hatte einen wesentlichen Einfluss auf die Entwicklung des Rechnungswesens in der Schweiz
Der Kontenrahmen von Professor Käfer hat es seit 1947 – dem Jahr seiner erstmaligen Veröffentlichung – auf stolze zehn Auflagen gebracht und dient in unzähligen Unternehmen als Basis für den betrieblichen Kontenplan.
In all den Jahren wurde am grundsätzlichen Aufbau des Kontenrahmens nichts geändert.
Im heutigen Zeitpunkt drängen sich formelle, terminologische und sachliche Änderungen auf.

Formelle Änderungen
Die seit der ersten Auflage 1947 unverändert gebliebene Gestaltung des Kontenrahmens wurde den heutigen Anwenderbedürfnissen angepasst.
Die Vierstufigkeit des Kontenrahmen-Konzeptes von Käfer, abgestuft nach der Betriebsgrösse, wurde aufgegeben. Der neue Kontenrahmen besteht grundsätzlich aus vierstelligen Konten.
Die Grösse des Unternehmens und die Anforderungen an den Detaillierungsgrad des Rechnungswesens bestimmen die Anzahl der Konten des betrieblichen Kontenplanes. Bei der Reihenfolge der Kontenklassen und Konten wurde das Abschlussgliederungsprinzip strikte eingehalten. Dies bedeutet, dass die Reihenfolge der Kontenklassen und Konten des Kontenrahmens mit der Gliederung der Bilanz und Erfolgsrechnung genau übereinstimmt.
Dies ergibt im Bereich der Erfolgsrechnung die wohl gewichtigste Abweichung vom bisherigen Kontenrahmen.

Terminologische Änderungen
Einzelne betriebswirtschaftliche Bezeichnungen und Begriffe wurden dem heutigen Sprachgebrauch angepasst. Durch klare und sachgerechte Bezeichnung der Konten soll die möglichst eindeutige Zuweisung der einzelnen Geschäftsvorfälle auf das zutreffende Konto erleichtert werden.

Sachliche Änderungen
Vor allem das revidierte Aktienrecht, die Neuregelung der Aufzeichnungspflicht bei der direkten Bundessteuer, der Wechsel von der Warenumsatzsteuer zur Mehrwertsteuer und die Fachempfehlungen zur Rechnungslegung (FER) machten sachliche Änderungen des Kontenrahmens notwendig.

Anpassung oder Neugestaltung?
Es stellte sich die Grundsatzfrage, ob der «Kontenrahmen Käfer», wie er vereinfachend meist genannt wird, durch sanfte Kosmetik formeller und terminologischer

Art an das geänderte wirtschaftliche Umfeld angepasst werden soll, oder – wenn schon geändert wird – sich nicht geradezu zwingend eine generelle Neugestaltung des Kontenrahmens aufdrängt. Die Zielsetzung wies den Weg.

Zu schaffen war ein neuzeitlicher Kontenrahmen für gewerbliche Klein- und Mittelbetriebe (KMU), welcher wie Käfer nach dem Abschlussgliederungsprinzip aufgebaut ist, dieses aber – gerade im Bereich der Erfolgsrechnung – im Gegensatz zu Käfer konsequent durchzieht.

Bei der Gliederung der Jahresrechnung waren die Vorschriften des revidierten Aktienrechtes sowie die Fachempfehlungen zur Rechnungslegung zu berücksichtigen. Im Bereich der Bilanz ging es sowohl bei den Aktiven als auch bei den Passiven um eine breitere Verteilung der Vermögenswerte und Verbindlichkeiten auf die zur Verfügung stehenden Kontenhauptgruppen und Kontengruppen. Dabei wurden die Aktiven nach deren Flüssigkeit und die Passiven nach der Fälligkeit gegliedert.

In der Erfolgsrechnung war das Gesamtkostenverfahren durch konsequente Realisierung der mehrstufigen Erfolgsrechnung zu verwirklichen. Diese Form der Darstellung hat sich in der Praxis schon seit längerer Zeit durchgesetzt und wird heute in der überwiegenden Mehrzahl der Betriebe mit Erfolg angewendet.

Strikte Realisierung des Abschlussgliederungsprinzipes

So lag es denn auf der Hand, das Prinzip der Abschlussgliederung, das dem Kontenrahmensystem den Namen gibt, so konsequent als möglich durchzuziehen. Dies nicht zuletzt auch im Hinblick auf eine problemlose EDV-mässige Erfassung des Kontenrahmens und die rationelle Erstellung und Auswertung von aussagekräftigen und gesetzeskonformen Bilanzen und Erfolgsrechnungen mit elektronischen Hilfsmitteln.

Dies bedeutete eine gewichtige Abkehr vom Kontenrahmen nach Käfer. Will man nämlich eine mehrstufige Erfolgsrechnung mit aussagekräftigen Zwischenresultaten verwirklichen, bedeutet dies zwingend, den Betriebsertrag dem Warenaufwand und dem sonstigen Betriebsaufwand voranzustellen. Nur so ist es möglich, die Bruttoergebnisse der ersten und zweiten Stufe, das Finanzergebnis, das Betriebsergebnis vor und nach Abschreibungen sowie den Unternehmenserfolg vor und nach Steuern auszuweisen.

Gewichtige Änderungen gegenüber dem Kontenrahmen nach Käfer

Diese gewichtigen Änderungen gegenüber dem Kontenrahmen nach Käfer drängten sich zwingend auf. Wenn schon ein neuzeitlicher Kontenrahmen für KMU in der Schweiz geschaffen werden sollte, dann hatte dieser nicht nur den erhöhten gesetzlichen Anforderungen des revidierten Aktienrechtes und den Wünschen der Fiskalbehörden gerecht zu werden, sondern auch der Präsentationsform der Jahresrechnung zu entsprechen, wie sie heute in der Praxis bei den KMU üblicherweise erfolgt. Mit der Abkehr vom Käferschen Kontenrahmen – insbesondere im Bereich der Erfolgsrechnung – stellte sich zwingend die Frage, inwieweit sich die interessierten und direkt betroffenen Kreise mit dem neuen Kontenrahmen identifizieren würden. Nur bei deren Zustimmung würde dem neuen Werk die gewünschte Verbreitung zuteil werden.

Eine starke Akzeptanz des neuen Kontenrahmens hätte zudem den Vorteil, dass sich eine Harmonisierung der Rechnungslegung im Bereich der KMU erzielen liesse.

Die Bildung eines breitabgestützten Fachausschusses

Deshalb drängte sich die Bildung einer breitabgestützten Fachgruppe auf, die den Entwurf des neuen Kontenrahmens nach unterschiedlichen Kriterien zu beurteilen und die aus der jeweiligen Sicht notwendigen Anpassungen und Ergänzungen anzuregen hatte.

Dieses Fachgremium, zusammengesetzt aus Fachleuten auf dem Gebiet des Rechnungswesens, der mit der Rechnungslegung in der Schweiz betrauten Organisationen sowie der Wirtschaftswissenschaft, hat die ihm zugedachte Aufgabe in vorbildlicher Weise erfüllt.

Im **Fachausschuss** wirkten folgende Personen kompetent und engagiert mit:

Prof. Dr. Max Boemle	Dozent an den Universitäten von Freiburg und Lausanne
Beat Aellig	Direktor des Schweiz. Instituts für Unternehmerschulung im Gewerbe (SIU), Bern. Präsident der Konferenz gewerblicher Treuhandfirmen
Simon Federer	Direktor der Visura Treuhand-Gesellschaft, Zürich
Dr. Urs Füglistaller	Leiter Infrastruktur des Institutes für gewerbliche Wirtschaft IGW an der Universität St. Gallen
Hans Martin Hergert	Vizedirektor der Schweiz. Treuhandgesellschaft, Coopers & Lybrand AG, Bern
Christian Herrmann	Direktor der Gewerbe-Treuhand Luzern. Mitglied Fachausschuss der Konferenz gewerblicher Treuhandfirmen, Vertreter des Schweiz. Treuhänderverbandes
Thomas Kade	Vizedirektor der OBT-Treuhand AG, Zürich
Thomas Köberl, Ursula Beutter	ABACUS-Research AG, St. Gallen
Susanne Kreis-Hofer	Präsidentin Vereinigung der eidg. dipl. Buchhalter/Controller im Treuhandfach, VEBIT
Herbert Mattle	Präsident Vereinigung eidg. dipl. Buchhalter/Controller, VEB
Thomas Stenz	Arthur Andersen AG, Zürich. Vertreter der Treuhand-Kammer und Fachsekretär der Fachkommission für Empfehlungen zur Rechnungslegung FER
Dr. Pierre Triponez	Direktor des Schweiz. Gewerbeverbandes, Bern. Vorsitz des Fachausschusses
Willy Wyss	Leiter Finanzwesen des Schweiz. Gewerbeverbandes, Bern. Sekretär des Fachausschusses
Walter Sterchi	Autor, Unternehmensberater, dipl. Buchhalter/Controller, Uettligen BE

Ein so grosses Gremium hat natürlich seine Vorzüge und Tücken. Der grösste Vorteil besteht in der breiten Abstützung und der Vertretung der verschiedenen Interessenkreise. Die grösste Gefahr droht von der Schwerfälligkeit und allfälliger Endlosigkeit der Debatten bei unterschiedlichen Meinungen.

Die Vorteile überwogen aber die Nachteile deutlich. Im Fachausschuss wurden zwar immer wieder unterschiedliche Meinungen vertreten, ausnahmslos wurde aber für alle Problemfragen eine gemeinsam getragene Lösung gefunden.

Schon anlässlich der ersten Zusammenkunft des Fachausschusses am 18. Oktober 1994 in Bern zeigte sich bei der Diskussion von Grundsatzfragen eine weitgehende Übereinstimmung.

Grundsatzfragen zum neuen Kontenrahmen und deren Beurteilung durch den Fachausschuss

1. Soll am Abschlussgliederungsprinzip festgehalten werden oder ist ein Wechsel auf das Prozessgliederungsprinzip angezeigt? Wenn ja, aus welchen Gründen?

Das Abschlussgliederungsprinzip hat grosse Akzeptanz und Verbreitung gefunden und soll damit auch im neuen Kontenrahmen konsequent angewendet werden.

2. Kommt die Bilanz an den Anfang (Kontenklassen 1 und 2) oder soll mit der Erfolgsrechnung begonnen werden? Wenn ja, mit welcher Begründung?

Es besteht keine Notwendigkeit, eine Umstellung vorzunehmen.
Der Aufbau der Kontenklassen 1 und 2 für die Bilanz und 3 bis 8 für die Erfolgsrechnung soll beibehalten werden.
Einer Präsentation der Jahresrechnung in der umgekehrten Reihenfolge, d.h. die Erfolgsrechnung vor der Bilanz, steht jedoch nichts im Wege.

3. Soll die Gliederung der Aktiven nach Flüssigkeit und der Passiven nach Fälligkeit beibehalten werden oder sind andere Gliederungsprinzipien vorzuziehen? Wenn ja, mit welcher Begründung?

Am Gliederungsprinzip Aktiven nach Flüssigkeit und Passiven nach Fälligkeit sollte nichts geändert werden.
Bewährte Grundsätze schweizerischer Rechnungslegung sind beizubehalten.
Im übrigen entspricht diese Art der Gliederung von Aktiven und Passiven auch den Empfehlungen gemäss FER Nr. 7.
Die Abweichung von der 4. EU-Richtlinie wird bewusst in Kauf genommen.

4. Soll das Prinzip der Gliederung der Aktiven nach deren Flüssigkeit bei den Betriebseinrichtungen durchbrochen werden, damit nicht unbedeutende Positionen wie z.B. Werkzeuge und Geräte

oder Wäsche wegen der kurzen Nutzungsdauer an den Anfang dieser Kontengruppe zu stehen kommen?

Für die Gliederung der Aktiven gilt auch der Grundsatz der Wesentlichkeit. Somit ist ein Abweichen vom starren Prinzip der Flüssigkeit unter dem Betrachtungswinkel der Wesentlichkeit durchaus vertretbar.

5. Soll das Umlaufvermögen auf die Kontengruppe 10 und das Anlagevermögen auf die Kontengruppe 11 beschränkt werden, oder sollen die Aktiven breiter auf die zur Verfügung stehenden Kontengruppen verteilt werden?

Einer breiteren Verteilung der Aktiven steht nichts im Wege, wobei die Gliederung sachgerecht und übersichtlich sein muss.

6. Gehört das Eigenkapital (inkl. Reserven) an den Schluss der Passiven?

Da das Eigenkapital das Resultat der Gegenüberstellung von Aktiven und Fremdkapital darstellt, befürwortete die Mehrheit des Fachausschusses die Positionierung am Schluss der Passiven.

7. Soll die Kontenklasse 3 neu ausschliesslich für den Betriebsertrag reserviert bleiben, oder soll sie die erste Stufe der mehrstufigen Erfolgsrechnung d.h. den Bruttogewinn 1 ausweisen?

Eine deutliche Mehrheit des Fachausschusses votierte für eine artreine Führung der Kontenklasse 3 für den Betriebsertrag, damit der Gesamtertrag des Unternehmens als Resultat der Kontenklasse 3 erscheint.

8. Gehören die Abschreibungen zusammen mit den übrigen bargeldlosen Aufwendungen an den Schluss des Betriebsaufwandes, damit der Jahresgewinn des Betriebes vor Abschreibungen ausgewiesen werden kann?

Einstimmigkeit herrschte im Ausschuss darüber, dass die Abschreibungen als bargeldloser Aufwand am Schluss des Betriebsaufwandes auszuweisen sind, damit der Betriebserfolg vor und nach Abschreibungen ermittelt werden kann.

9. Soll der Betriebsertrag nach folgendem Schema gegliedert werden:
  – Produktionsertrag
  – Handelsertrag
  – Dienstleistungsertrag
  – Sonstiger Ertrag des Betriebes aus Leistungserstellung?

Da der neue Kontenrahmen grundsätzlich für alle KMU in Produktion, Handel und Dienstleistung anzuwenden ist, erscheint eine derartige Aufgliederung des Betriebsertrages sinnvoll.

10. Wie sollen die Ertragsminderungen beim Betriebsertrag gegliedert werden?

Betriebsertrag A
Betriebsertrag B
Betriebsertrag C

– Ertragsminderungen A
– Ertragsminderungen B
– Ertragsminderungen C

oder

Betriebsertrag A
– Ertragsminderungen A

Betriebsertrag B
– Ertragsminderungen B

Betriebsertrag C
– Ertragsminderungen C

Die Mehrheit des Ausschusses befürwortete eine flexible Handhabung der Ertragsminderungen. In der Praxis sind beide Varianten anzutreffen.

Der Kontenrahmen soll somit beide Möglichkeiten offenlassen, damit die für den einzelnen Betrieb sachgerechte Lösung gewählt werden kann.

11. Wie soll der Material- und Warenaufwand gegliedert werden?

Rohmaterialaufwand A
Rohmaterialaufwand B
Rohmaterialaufwand C

– Aufwandminderung Rohmaterial A
– Aufwandminderung Rohmaterial B
– Aufwandminderung Rohmaterial C

oder

Rohmaterialaufwand A
– Aufwandminderung Rohmaterial A

Rohmaterialaufwand B
– Aufwandminderung Rohmaterial B

Rohmaterialaufwand C
– Aufwandminderung Rohmaterial C

Auch beim Material- und Warenaufwand sollten für die Aufwandminderungen beide Lösungsmöglichkeiten offenstehen.

Der neue Kontenrahmen hat somit beide Varianten anzubieten, damit die für den einzelnen Betrieb sachgerechte Lösung gewählt werden kann.

12. Gehören Finanzaufwand und Finanzertrag zusammen, und wenn ja, in welcher Kontenklasse? Oder soll der Finanzaufwand beim Betriebsaufwand und der Finanzertrag beim sonstigen Ertrag des Betriebes ausgewiesen werden?

Die Mehrheit des Fachausschusses befürwortete den Ausweis des Finanzergebnisses in der gleichen Kontenklasse. Dies entspricht übrigens auch den Empfehlungen gemäss FER Nr. 7.

13. Gehört der Steueraufwand der Unternehmung gesamthaft an den Schluss der Erfolgsrechnung vor den Gesamterfolg des Unternehmens?

Der Steueraufwand sollte – entsprechend der FER Nr. 7 – am Schluss der Erfolgsrechnung ausgewiesen werden, damit der Gesamterfolg des Unternehmens vor und nach Steuern sichtbar gemacht werden kann.

14. Soll die Kontenklasse 9 für die Eventualverpflichtungen bzw. für den Anhang bei Aktiengesellschaften verwendet werden?

Der Ausschuss stimmte anfänglich diesem Vorschlag mehrheitlich zu. Im Verlauf der Arbeitssitzungen setzte sich dann aber die Auffassung durch, dass die Eventualverpflichtungen und übrigen Angaben gemäss Anhang (OR 663b) nicht in eine Kontenklasse einzubinden, sondern ausserhalb der Doppik zu führen sind.

15. Soll an der Mehrstufigkeit des Kontenrahmens nach Käfer festgehalten werden, oder soll der Kontenrahmen generell vierstellige Konten aufweisen, die bei Bedarf auf weitere Stellen ausgebaut werden können?

Der Kontenrahmen soll grundsätzlich vierstellige Konten aufweisen mit entsprechender Erweiterungsmöglichkeit auf zusätzliche Stellen (z.B. für Kostenstellen- oder Filialrechnungen).

16. Soll im Kontenrahmen die Aufteilung nach Kostenstellen vorgesehen werden, z.B. durch Bildung von entsprechenden Unterkonten?

150001 Maschinen Kostenstelle 1
150002 Maschinen Kostenstelle 2

500001 Produktionslöhne Kostenstelle 1
500002 Produktionslöhne Kostenstelle 2

640001 Elektrizität Kostenstelle 1
640002 Elektrizität Kostenstelle 2

Der Kontenrahmen ist Grundlage für die Finanzbuchhaltung, weshalb er nicht generell auf die Betriebsbuchhaltung auszurichten ist.
Auf die Möglichkeit zur Führung einer Betriebsbuchhaltung mit Kostenstellenrechnung – z.B. durch Erweiterung der Konten mit zusätzlichen Stellen für die Belange der Kostenrechnung – soll im Kommentar hingewiesen werden.

17. Soll im Kontenrahmen die Unterteilung in fixe und variable Aufwendungen (Kosten) vorgesehen werden?

Da der Kontenrahmen grundsätzlich die Konten der Finanzbuchhaltung enthält, sollte aus Gründen der Übersichtlichkeit auf eine solche Unterteilung im Kontenrahmen selber verzichtet werden.
Die Aufteilung in fixe und variable Aufwendungen kann aber durch Erweiterung der Konten mit zusätzlichen Stellen realisiert werden.

18. Soll die Liegenschaftsrechnung des Betriebes als eigenes Profit-Center geführt werden?

Die Rechnung über die geschäftlich genutzte Liegenschaft ist als Nebenrechnung zu führen.

Ausserbetriebliche oder betriebsfremde Liegenschaften sind in der entsprechenden separaten Kontenklasse zu führen.

19. Sollen Filialrechnungen als Nebenbetriebe in einer separaten Kontenklasse geführt werden, oder sollen sie zwecks einfacherer Konsolidierung – vor allem bei Aktiengesellschaften – als Unterkonten geführt werden?

300000 Ertrag Hauptgeschäft
300001 Ertrag Filiale 1
300002 Ertrag Filiale 2

500000 Lohnaufwand Hauptgeschäft
500001 Lohnaufwand Filiale 1
500002 Lohnaufwand Filiale 2

In der Praxis sind beide Lösungen anzutreffen.
Bei Aktiengesellschaften empfiehlt sich – im Hinblick auf eine Konsolidierung – die Lösung mit Unterkonten, währenddem bei Einzelfirmen die Filialrechnung als eigenes Profit-Center zweckmässigerweise in der dafür vorgesehenen Kontenklasse 7 geführt wird. Somit soll der neue Kontenrahmen beide Varianten vorsehen.

20. Sollen betriebsfremde Aktiven und Passiven im neuen Kontenrahmen vorgesehen werden?

Gemäss OR 663 sind in der Erfolgsrechnung betriebsfremde Erträge und Aufwendungen gesondert auszuweisen, was den entsprechenden Ausweis von betriebsfremden Aktiven und Passiven in der Bilanz erforderlich macht.

Würdigung der Arbeit des Fachausschusses

Die Zusammensetzung des Fachausschusses darf als glückliche Synthese von Praxis und Wissenschaft bezeichnet werden.

Die grosse Arbeit, die von diesem Gremium geleistet wurde, hat zu einem neuen Kontenrahmen geführt, der einerseits den neuesten Anforderungen von Gesetz und Praxis entspricht und andererseits einen wesentlichen Beitrag zur Vereinheitlichung der Rechnungslegung bei den KMU in der Schweiz leisten dürfte.

Dank des Autors

Diese Personen haben den Kontenrahmen oder einzelne Kapitel daraus gelesen und mit wertvollen Anregungen, Ergänzungen und Vorschlägen zum Gelingen dieses Buches beigetragen:

- Daniel Bühler, dipl. Bücherexperte, Rubigen
- Stephan Frieden, Leiter Controlling, Gewerbekasse in Bern
- Dr. lic. oec. publ. Linard Nadig, z. Z. Seattle USA
- Dr. Frank Steiner, Unternehmensberater, Zürich
- Die Mitglieder des Fachausschusses der Konferenz gewerblicher Treuhandfirmen, Bern
- Marianne de Trey, Rüfenacht, die als engagierte Lektorin mitgewirkt hat.

Ein ganz spezieller Dank gebührt Herrn Professor Dr. Max Boemle, der mit grosser fachlicher Kompetenz nicht nur im Fachausschuss mitwirkte sondern zudem quasi als Fachlektor das ganze Werk durchlas und mit zahlreichen Ergänzungen und Vorschlägen bereicherte.

Wunsch des Autors

Der Autor nimmt Anregungen, Wünsche und Verbesserungsvorschläge dankbar entgegen und wird diese – wenn immer möglich – gerne für eine spätere Neuauflage berücksichtigen.

Walter Sterchi
Unternehmensberater
CH-3043 Uettligen

Allgemeine Bemerkungen

Zielsetzungen des neuen Kontenrahmens für KMU

Der Kontenrahmen dient grundsätzlich allen KMU der Schweiz als Grundlage für das Rechnungswesen. Dies gilt für Produktions-, Handels- und Dienstleistungsunternehmen, und zwar ungeachtet ihrer Rechtsform, Grösse oder Branchenzugehörigkeit.

Der Kontenrahmen ist sowohl für den Kleinstbetrieb wie auch für Unternehmen in Konzernstruktur anwendbar.

Der Kontenplan soll somit ein Unternehmen auf seinem Weg von der Einzelfirma zur Aktiengesellschaft und später zum Konzern begleiten und der Entwicklung folgen können.

Ein Kontenrahmen für den Einzelabschluss

Der Kontenrahmen KMU betrifft den Einzelabschluss. Es sind zwar Hinweise zu einzelnen Konten von Konzernen enthalten, doch fehlen die zur Konsolidierung notwendigen besonderen Konten.

Die Übersichtlichkeit des Kontenrahmens sollte nicht durch Konten beeinträchtigt werden, welche KMU nur in Ausnahmefällen benötigen.

Die zur Konsolidierung notwendigen zusätzlichen Konten sind bei Bedarf zu eröffnen und sachgerecht zu benennen. Es stehen zu diesem Zweck genügend freie Kontenhauptgruppen und Kontengruppen zur Verfügung.

Der Umfang des neuen Kontenrahmens für KMU

Der Benützer möge ob des grossen Umfanges des neuen Kontenrahmens für KMU nicht erschrecken.

Ein Kontenrahmen ist notwendigerweise umfangreich, enthält er doch nicht nur eine Vielzahl möglicher Kontenbeispiele, sondern zusätzlich auch alle zwingend vorgegebenen Titel und Gliederungselemente, die nach geltendem Recht und anerkannter Praxis notwendig sind.

Der Kontenplan

Im einzelnen Unternehmen wird mit dem Kontenplan gearbeitet, der auf die betriebsindividuellen Bedürfnisse abgestimmt ist und nur diejenigen Konten umfasst, welche zur Buchführung auch wirklich benötigt werden.

Der Aufbau des neuen Kontenrahmens

Der Kontenrahmen ist auf dem Prinzip der Abschlussgliederung aufgebaut. Dies bedeutet, dass die Reihenfolge der Konten mit dem Aufbau des Jahresabschlusses übereinstimmt.

Dabei ist es jedem Unternehmen freigestellt, ob in der Jahresrechnung zuerst die Bilanz oder die Erfolgsrechnung präsentiert wird.

Die Gliederungselemente des neuen Kontenrahmens

Der Kontenrahmen besteht aus

Kontenklassen
Kontenhauptgruppen
Kontengruppen
Kontenuntergruppen
Sammelkonten
Konten

Gliederungsstufen	Nummer von	Nummer bis
Kontenklassen	1	9
Kontenhauptgruppen	10	99
Kontengruppen	100	999
Kontenuntergruppen	100.0	999.9
Sammelkonten	100.00	999.99
Konten	1000	9999

Die Mindestgliederungsvorschriften des Aktienrechts und die Empfehlungen zur Rechnungslegung (FER) machen gegenüber der bisherigen Praxis zwei zusätzliche Gliederungsebenen notwendig, die Kontenuntergruppen und die Sammelkonten.

Damit die vierstelligen Kontennummern beibehalten werden können, wird den beiden neuen Gliederungselementen keine eigene Dezimalstelle gegeben. Die numerische Bezeichnung erfolgt mit Nachkommastellen:

Kontenuntergruppen	100.0	bis	999.9
Sammelkonten	100.00	bis	999.99

Beispiel

Nummer	Gliederungsstufe	Bezeichnung
1	Kontenklasse	Aktiven
10	Kontenhauptgruppe	Umlaufvermögen
110	Kontengruppe	Forderungen
110.0	Kontenuntergruppe	Forderungen aus Lieferungen und Leistungen
110.00	Sammelkonto	Forderungen aus Leistungen gegenüber Dritten
1100	Konto	Forderungen Schweiz

Die verfeinerte Gliederung erleichtert die Auswertung des Jahresabschlusses. Beispiele:

> Der Debitorenumschlag wird anhand der Kontenuntergruppe 110.0 «Forderungen aus Lieferungen und Leistungen» ermittelt.
> Das Nettoumlaufvermögen errechnet sich:
> Kontenhauptgruppe 10 «Umlaufvermögen» abzüglich
> Kontenhauptgruppe 20 «Fremdkapital kurzfristig».

Das Konto
Gebucht wird einzig und allein auf das Konto, welches in der Regel aus einer vierstelligen Nummer besteht.

Beispiel eines Geschäftsvorfalles:
Warenlieferung Bereich A auf Kredit an Engros-Kunde Inland

Die Buchung betrifft

Im Soll:

1	Kontenklasse	Aktiven
10	Kontenhauptgruppe	Umlaufvermögen
110	Kontengruppe	Forderungen
110.0	Kontenuntergruppe	Forderungen aus Lieferungen und Leistungen
110.00	Sammelkonto	Forderungen aus Leistung gegenüber Dritten
1100	**Konto**	**Forderungen Schweiz**

Im Haben:

3	Kontenklasse	Betriebsertrag aus Lieferungen und Leistungen
32	Kontenhauptgruppe	Handelsertrag
320	Kontengruppe	Handelswarenertrag Bereich A
3202	**Konto**	**Bruttoertrag Kreditverkäufe Engros**

Die im Kontenrahmen aufgeführten Konten sind Beispiele
Die im Kontenrahmen aufgeführten vierstelligen Konten sind als Beispiele zu verstehen, die das Unternehmen an seine speziellen betriebsindividuellen Bedürfnisse anpassen darf und soll.
Dagegen sollten die Kontenklassen, Kontenhauptgruppen und Kontengruppen gemäss Kontenrahmen KMU bei der Ausgestaltung von Kontenrahmen und Kontenplänen immer als Grundlage dienen, damit die Bilanzen und Erfolgsrechnungen der KMU in der Schweiz einheitlich aufgebaut und gegliedert werden.

Kleinere Unternehmen
Kleinere Unternehmen und solche, die nicht dem Aktienrecht unterstehen, können fallweise auf die beiden neuen Gliederungselemente der Kontenuntergruppen und Sammelkonten verzichten.
Die Kontenbezeichnungen werden in diesem Fall von den Kontenuntergruppen oder Sammelkonten auf das Konto übertragen.

Beispiele:

1	Kontenklasse	Aktiven
10	Kontenhauptgruppe	Umlaufvermögen
110	Kontengruppe	Forderungen
1100	**Konto**	**Forderungen aus Lieferungen und Leistungen gegenüber Dritten**
2	Kontenklasse	Passiven
20	Kontenhauptgruppe	Fremdkapital kurzfristig
200	Kontengruppe	Kurzfristige Verbindlichkeiten aus Lieferungen und Leistungen
2000	**Konto**	**Verbindlichkeiten aus Lieferungen und Leistungen gegenüber Dritten**

Grössere Unternehmen und mehrstellige Konten

Unternehmen, die zur Bezeichnung ihrer Konten mehr als vier Stellen benötigen, sollten darauf achten, dass die ersten drei Stellen dem Kontenrahmen KMU entsprechen, damit die Rechnungslegung in Struktur und Gliederung mit anderen KMU übereinstimmt und entsprechende zwischenbetriebliche Vergleiche möglich sind.

Branchenkontenrahmen

Branchenverbänden ist es unbenommen, ja sogar zu empfehlen, einen brancheneigenen Kontenrahmen auszuarbeiten, der alle branchenspezifischen Konten enthält, die ein allgemein gültiger schweizerischer Kontenrahmen aus Gründen der Übersichtlichkeit nicht aufführen kann.

Dabei ist es aber von Bedeutung, dass sich die Berufsverbände bei der Ausgestaltung ihrer Branchenkontenrahmen an das Grundkonzept des neuen Kontenrahmens halten, d.h. die Gliederungselemente des «Kontenrahmen KMU» übernehmen.

In bezug auf die Wahl und Bezeichnung der Konten dagegen sind die Branchenverbände frei.

Verzeichnis der Branchenkontenrahmen

Beim Sekretariat des Schweizerischen Gewerbeverbandes in Bern wird ein Verzeichnis der verfügbaren Branchenkontenrahmen geführt.

Vereinheitlichung der Rechnungslegung für KMU in der Schweiz

Die einheitliche Anwendung der Gliederungselemente führt zu einer Harmonisierung der Rechnungslegung für KMU in der Schweiz.

Bilanzen und Erfolgsrechnungen werden nach einheitlichem Muster aufgebaut, was grosse Vorteile bringt für die Erstellung und Interpretation von Betriebsvergleichen, Statistiken und Bilanzanalysen sowie bei Betriebsübernahmen, Fusionen und Umwandlungen der Rechtsform usw.

Die Verfeinerung des Kontenplanes für die Betriebsbuchhaltung

Aus praktischen Erwägungen wurde im Kontenrahmen KMU darauf verzichtet, für die Betriebsbuchhaltung eine eigene Kontenklasse zur Verfügung zu stellen.

Die im Kontenrahmen nach Käfer hierfür vorgesehene Kontenklasse 5 wurde in der Praxis von den KMU kaum benützt. Wer eine Integrierung der Kostenrechnung ins Kontensystem der Finanzbuchhaltung wünscht, kann den Kontenplan mit zusätzlichen Stellen für die Zwecke der Betriebsbuchhaltung erweitern.

Für die Bildung von Kostenstellen und eine verfeinerte Unterteilung von Erträgen und Aufwendungen sowie Aktiven und Passiven können den Konten zusätzliche Stellen in beliebiger Zahl angefügt werden.

Es ist aber darauf zu achten, dass die ersten drei Stellen, welche die Kontenklasse, die Kontenhauptgruppe und die Kontengruppe angeben, gemäss Kontenrahmen KMU übernommen werden.

Verschiedene Anbieter von Softwareprodukten für die Finanzbuchhaltung, so auch die am Projekt Kontenrahmen KMU beteiligte Firma ABACUS, haben eine Kostenrechnung mit integrierter Kostenstellen- und Kostenträgerrechnung entwickelt, bei der auf eine Erweiterung des Kontenplanes verzichtet werden kann. Dieser Lösungsweg wird unter dem Kapitel «Kostenrechnung in der Finanzbuchhaltung» (S. 205 ff.) vorgestellt.

Kontenbezeichnungen

Bei der Kontenbezeichnung ist darauf zu achten, dass sachgerechte und klare Benennungen gewählt werden, damit der Anwender möglichst zweifelsfrei kontieren kann.

Kontierungsanweisungen

Zum betrieblichen Kontenplan gehören immer klare betriebsinterne Kontierungsanweisungen, damit die Geschäftsvorfälle nach einheitlichen Kriterien verbucht werden.

Diese Systematik ist von Bedeutung für die Aussagekraft von Vergleichsrechnungen und Betriebsstatistiken und steht überdies im Einklang mit dem in OR 662a Abs. 5 geforderten Grundsatz der Stetigkeit bei der Rechnungslegung.

Fehlende Konten

Im Kontenrahmen nicht vorgesehene Konten können jederzeit in der betreffenden Kontengruppe eröffnet werden. Ebenso ist es möglich, bestehende Konten umzubenennen, da es sich bei den im Kontenrahmen aufgeführten Konten lediglich um Beispiele handelt.

Bei Bedarf können auch neue Kontenhauptgruppen und Kontengruppen gebildet werden. Zu diesem Zweck wurden bewusst freie Nummern geschaffen.

Der Kommentar zum neuen Kontenrahmen

Ein detaillierter Kommentar zum Kontenrahmen KMU erläutert die einzelnen Kontenklassen, Kontenhauptgruppen, Kontengruppen, Kontenuntergruppen und Sammelkonten in analoger Reihenfolge zum Kontenplan.

Auf eine durchgehende Kommentierung der Konten kann in der Regel verzichtet werden, sind doch die im Kontenrahmen KMU aufgeführten Konten als Beispiele zu verstehen.

Konten mit besonderer Bedeutung dagegen werden im Kommentar speziell erläutert.

Die Kontenklassen

Bilanz

1 **Aktiven**

2 **Passiven**

Erfolgsrechnung

3 **Betriebsertrag aus Lieferungen und Leistungen**

4 **Aufwand für Material,
   Waren und Drittleistungen**

5 **Personalaufwand**

6 **Sonstiger Betriebsaufwand**

7 **Betriebliche Nebenerfolge**

8 **Ausserordentlicher und betriebsfremder Erfolg,
   Steuern**

Abschluss

9 **Abschluss**

Gliederung der Bilanz

1 Aktiven

10 Umlaufvermögen
100 Flüssige Mittel und Wertschriften
110 Forderungen
120 Vorräte und angefangene Arbeiten
130 Aktive Rechnungsabgrenzung

14 Anlagevermögen
140 Finanzanlagen
150 Mobile Sachanlagen
160 Immobile Sachanlagen
170 Immaterielle Anlagen

18 Aktivierter Aufwand und aktive Berichtigungsposten
180 Aktivierter Aufwand und aktive Berichtigungsposten

19 Betriebsfremdes Vermögen
190 Betriebsfremdes Vermögen

2 Passiven

20 Fremdkapital kurzfristig
200 Kurzfristige Verbindlichkeiten aus Lieferung und Leistung
210 Kurzfristige Finanzverbindlichkeiten
220 Andere kurzfristige Verbindlichkeiten
230 Passive Rechnungsabgrenzung, kurzfristige Rückstellungen

24 Fremdkapital langfristig
240 Langfristige Finanzverbindlichkeiten
250 Andere langfristige Verbindlichkeiten
260 Rückstellungen langfristig

27 Fremdkapital betriebsfremd
270 Betriebsfremde Verbindlichkeiten

28 Eigenkapital
280 Kapital, Privat
290 Reserven, Bilanzgewinn

Gliederung der Erfolgsrechnung

Bei den KMU erfolgt die Präsentation der mehrstufigen Erfolgsrechnung in der Regel in Staffelform nach dem Gesamtkostenverfahren:

		Konten-haupt-gruppen
	Ertrag aus Lieferungen und Leistungen (Umsatz)	30–39
–	Aufwand für Material, Waren und Drittleistungen	40–49
=	**Bruttoergebnis 1**	
–	Personalaufwand Produktion	50–51
=	**Bruttoergebnis 2**	
–	Übriger Personalaufwand	52–59
=	**Bruttoergebnis 3**	
–	Sonstiger Betriebsaufwand	60–67
=	**Betriebsergebnis 1** (vor Finanzerfolg)	
+/–	Finanzerfolg	68
=	**Betriebsergebnis 2** (vor Abschreibungen)	
–	Abschreibungen	69
=	**Betriebsergebnis 3** (vor Nebenerfolgen)	
+/–	Betriebliche Nebenerfolge	70–79
=	**Betriebsergebnis 4**	
+/–	Ausserordentlicher und betriebsfremder Erfolg	80–88
=	**Unternehmenserfolg** (vor Steuern)	
–	Steueraufwand	89
=	**Unternehmensgewinn/-verlust**	

Die Erfolgsrechnung in Staffelform ist mehrstufig und entspricht der heutigen Präsentationsform im Bereich der KMU

Die Erfolgsrechnung wird konsequent auf dem Abschlussgliederungsprinzip aufgebaut. Die Mehrstufigkeit wird erreicht durch die klare Trennung der Kontenklassen

3 Betriebsertrag aus Lieferungen und Leistungen
4 Aufwand für Material, Waren und Drittleistungen
5 Personalaufwand

Durch diese Trennung ist es möglich, ohne zusätzlichen Aufwand die Brutto-erfolgsstufen 1 und 2 direkt auszuweisen nach der Formel:

> Betriebsertrag aus Lieferungen und Leistungen
> – *Aufwand für Material, Waren und Drittleistungen*
> = **Bruttoergebnis 1**
> – *Personalaufwand*
> = **Bruttoergebnis 2**

Der Kontenrahmen ist für alle KMU in Produktion, Handel und Dienstleistung anwendbar

Dies wird erreicht durch eine systematische Trennung der Bereiche

> **Produktion**   Die Aufteilung wird in den
> **Handel**   } Kontenklassen 3, 4 und 5
> **Dienstleistung**   konsequent berücksichtigt

Die systematische Gliederung der Kontenhauptgruppen

30 Produktionsertrag	40 Materialaufwand	50 Personalaufw.Prod.
32 Handelsertrag	42 Handelswarenaufwand	52 Personalaufw.Handel
34 Dienstleistungsertrag	44 Aufwand Dienstleistungen	54 Personalaufw.Dienstl.

ermöglicht die Ermittlung der Bruttoerfolge 1 und 2 in den Bereichen Produktion, Handel und Dienstleistung nach folgendem Muster:

	Produktion	Handel	Dienstleistung
Betriebsertrag	30	32	34
– Aufwand für Material, Waren und Drittleistungen/ Dienstleistungen	40	42	44
= **Bruttoergebnis 1**			
– Personalaufwand	50	52	54
= **Bruttoergebnis 2**			

Der Gestaltungsfreiraum im Bereich der Erfolgsrechnung
Der Kontenrahmen KMU soll grundsätzlich allen KMU, und zwar ungeachtet der Rechtsform, Grösse oder Branchenzugehörigkeit, als Grundlage des Rechnungswesens dienen.
Dies bedingt Flexibilität bei der Ausgestaltung der Erfolgsrechnung.
Der Kontenrahmen gewährt dem Anwender den notwendigen Gestaltungsraum im Bereich der Kontenklassen

> 3 Betriebsertrag aus Lieferungen und Leistungen
> 4 Aufwand für Material, Waren und Drittleistungen
> 5 Personalaufwand

Innerhalb dieser Kontenklassen kann der Anwender selber entscheiden, wie weit der Detaillierungsgrad seines Rechnungswesens gehen soll.

In der Kontenklasse 3 können z.B. die **Bestandesänderungen** angefangener und fertiger Arbeiten oder die **Ertragsminderungen** auf drei verschiedenen Ebenen erfasst werden:

3008	Bestandesänderungen	} Auf der Ebene der
3009	Ertragsminderungen	einzelnen Leistung
3080	Bestandesänderungen	} Auf der Ebene der gesamten
3090	Ertragsminderungen	Produktionsleistung
3800	Bestandesänderungen	} Auf der Ebene der gesamten
3900	Ertragsminderungen	Unternehmensleistung

Kleinere Unternehmen werden in der Regel die Ertragsminderungen und die Bestandesveränderungen eher zusammengefasst für die gesamte Unternehmenstätigkeit ausweisen, da die Aufteilung auf die einzelnen erbrachten Leistungen mit einem unverhältnismässig hohen Erfassungsaufwand verbunden ist.

In der Kontenklasse 4 können die direkten Einkaufsspesen, die **Bestandesveränderungen** und die **Aufwandminderungen** ebenfalls auf drei Ebenen erfasst werden:

4007	Direkte Einkaufsspesen	} Auf der Ebene
4008	Bestandesveränderungen	der einzelnen
4009	Aufwandminderungen	Leistung
4070	Direkte Einkaufsspesen	} Auf der Ebene
4080	Bestandesveränderungen	der gesamten
4090	Aufwandminderungen	Produktionsleistung
4700	Direkte Einkaufsspesen	} Auf der Ebene
4800	Bestandesveränderungen	der gesamten
4900	Aufwandminderungen	Unternehmensleistung

Der Anwender bestimmt nach seinen Bedürfnissen den gewünschten Detaillierungsgrad.

Ein spezielles Augenmerk ist bei der Wahl des Detaillierungsgrades unbedingt auf die Möglichkeiten des Softwareprogrammes zu werfen, da nicht alle Programme eine detaillierte Verteilung der Ertragsminderungen unterstützen.

In der Kontenklasse 5 können der **Sozialversicherungsaufwand** und der **übrige Personalaufwand** ebenfalls auf drei verschiedenen Ebenen erfasst werden:

5007 Sozialversicherungsaufwand	} Auf der Ebene der
5008 Übriger Personalaufwand	} einzelnen Leistung
5070 Sozialversicherungsaufwand	} Auf der Ebene der
5080 Übriger Personalaufwand	} Produktionsleistung
5700 Sozialversicherungsaufwand	} Auf der Ebene der
5800 Übriger Personalaufwand	} Unternehmensleistung

Auch hier entscheidet der Anwender nach seinen Bedürfnissen den gewünschten Detaillierungsgrad.

Ein spezielles Augenmerk ist bei der Wahl des Detaillierungsgrades unbedingt auf die Möglichkeiten des Softwareprogrammes zu werfen, da nicht alle Programme eine detaillierte Verteilung des Sozialversicherungsaufwandes unterstützen.

Kleinere Unternehmen werden den Sozialversicherungsaufwand und den übrigen Personalaufwand in der Regel zusammengefasst für die gesamte Unternehmenstätigkeit ausweisen, da die Verteilung auf die Produktion, den Handel und die Dienstleistungen oder gar auf die einzelnen erbrachten Leistungen einen unverhältnismässig hohen Erfassungsaufwand verursacht.

Die verschiedenen Möglichkeiten der Erfassung sind im Kommentar unter den entsprechenden Kontenklassen im Detail dargestellt.

Es geht hier lediglich darum, bereits einleitend darauf hinzuweisen, dass der Kontenrahmen KMU im Bereich der Erfolgsrechnung verschiedene Lösungsmöglichkeiten anbietet.

Deshalb erscheinen gewisse Konten in den Kontenklassen 3, 4 und 5 mehrmals. Dabei handelt es sich um alternative Anwendungsmöglichkeiten und nicht etwa um Doppelspurigkeiten.

Die Mehrwertsteuer, Buchführung und Kontenplan

Gemäss Art. 47 Abs. 1 der MWSTV hat der Steuerpflichtige seine Geschäftsbücher ordnungsgemäss zu führen und so einzurichten, dass sich aus ihnen die für die Feststellung der Steuerpflicht sowie für die Berechnung der Steuer und der abziehbaren Vorsteuern massgebenden Tatsachen leicht und zuverlässig ermitteln lassen.

Die ESTV hat hierüber nähere Bestimmungen erlassen, welche insbesondere in der **Wegleitung für Mehrwertsteuerpflichtige** Randziffern 870–972 festgehalten sind. Teile der nachfolgenden Ausführungen entstammen dieser Wegleitung.

Da heute alle Unternehmen – ungeachtet ihrer Rechtsform und Grösse – der **Aufzeichnungspflicht** bei der direkten Bundessteuer unterstehen, sollten die Geschäftsbücher im eigenen Interesse so eingerichtet werden, dass sich damit gleichzeitig auch alle für die Abrechnung der Mehrwertsteuer relevanten Zahlen mit möglichst geringem zusätzlichem Aufwand ermitteln lassen.

Eine formell und materiell ordnungsgemäss geführte Buchhaltung bildet die beste Voraussetzung für eine korrekte Erfassung der Mehrwertsteuer.

Das Mehrwertsteuersystem erfordert gewisse **Anpassungen der Buchhaltung** an die Besonderheiten dieser Steuer. In den meisten Fällen dürfte die Schaffung zusätzlicher Konten für die geschuldete Umsatzsteuer und für die zurückzufordernden geleisteten Vorsteuern und gewisse Anpassungen bestehender Journale und Hilfsbücher genügen.

Vor allem hat der Steuerpflichtige dafür zu sorgen, dass die **Prüfspur**, d.h. das Verfolgen der einzelnen Geschäftsvorfälle – auch stichprobenweise – sowohl vom Einzelbeleg über die Buchhaltung bis zur Mehrwertsteuerabrechnung, als auch in umgekehrter Richtung, ungeachtet der Art der eingesetzten technischen Hilfsmittel, ohne Zeitverlust gewährleistet ist.

Beim **Einsatz von EDV** müssen alle Daten in eine für das menschliche Auge lesbare Form zurückgebracht werden können, sei es durch Ausdruck oder auf Bildschirm.

Die Mehrwertsteuer ist grundsätzlich Bestandteil der Entgelte für steuerbare Lieferungen und Dienstleistungen.

In der Buchhaltung kommt ihr jedoch eher der Charakter eines **durchlaufenden Postens** zu. Die vom Unternehmen geleisteten Vorsteuern können von den auf den erbrachten Leistungen geschuldeten Umsatzsteuern abgezogen werden. Ein Überschuss der Steuer auf dem Umsatz ist als Verbindlichkeit an die ESTV zu entrichten. Ein Überschuss der Vorsteuer stellt eine Forderung des Unternehmens gegenüber der ESTV dar.

Der buchhalterische Charakter der Mehrwertsteuer als durchlaufender Posten bedingt, dass die auf dem Umsatz geschuldete Steuer auf einem separaten Konto **Umsatzsteuer** und die beim Einkauf an steuerpflichtige Lieferanten oder Dienstleistungserbringer zu bezahlende oder bezahlte Steuer auf separaten Konten **Vorsteuer** zu verbuchen sind.

Die Mehrwertsteuerkonten

2200 Geschuldete Mehrwertsteuer (Umsatzsteuer)

Es handelt sich um ein Passivkonto, welches als Saldo die an die ESTV geschuldete Umsatzsteuer ausweist, welche aus dem Erbringen steuerbarer Leistungen gemäss Kontenklasse 3 «Betriebsertrag aus Lieferungen und Leistungen» entsteht.

1170 Vorsteuer auf Materialaufwand und Dienstleistungen

Auf dieses Konto werden die an Material- und Warenlieferanten sowie an Erbringer von Dienstleistungen bezahlten Vorsteuern gebucht. Es handelt sich somit um die Vorsteuern aus der Kontenklasse 4 «Aufwand für Material, Waren und Dienstleistungen».

1171 Vorsteuer auf Investitionen und übrigem Betriebsaufwand

Auf dieses Konto werden die Vorsteuern auf den Ausrüstungsinvestitionen und auf dem sonstigen Betriebsaufwand gebucht. Es handelt sich somit um die Vorsteuern aus den Kontenklassen 1 «Aktiven» und 6 «Sonstiger Betriebsaufwand».

Die Abrechnung der Mehrwertsteuer

Für die Mehrwertsteuerabrechnung erfolgt eine Saldierung der geschuldeten Umsatzsteuern mit der Forderung aus geleisteten Vorsteuern, d.h. die Vorsteuer kann in der Steuerabrechnung von der auf dem Umsatz geschuldeten Steuer abgezogen werden. Ein Überschuss der Umsatzsteuer ist an die ESTV zu entrichten; ein Vorsteuerüberschuss wird von der ESTV zurückbezahlt oder gutgeschrieben.

Es handelt sich bei den Mehrwertsteuerkonten somit um Bilanzkonten, die als Saldo entweder die geschuldete Mehrwertsteuer (Konto 2200) oder die Forderung gegenüber der ESTV (Konten 1170 und 1171) ausweisen.

Die Verbuchung der Mehrwertsteuer

Es hängt primär von der Geschäftsstruktur und vom Aufbau des Rechnungswesens ab, ob für ein Unternehmen die Netto- oder die Bruttoverbuchung zweckmässiger ist.
Bei geeigneter Organisation des Rechnungswesens können auch beide Methoden nebeneinander angewendet werden, z.B. die Bruttoverbuchung für den Ertrag und die Nettoverbuchung für den Aufwand und die Investitionen.

Die Nettoverbuchung

Bei der Nettoverbuchung wird die auf dem Umsatz geschuldete Mehrwertsteuer auf dem Konto 2200 «Umsatzsteuer» und die beim Einkauf an steuerpflichtige Lieferanten oder Erbringer von Dienstleistungen zu bezahlende (oder bezahlte) Mehrwertsteuer auf den Konten 1170 bzw. 1171 «Vorsteuer» verbucht.
Bei diesem Vorgehen werden Aufwand und Ertrag in der Buchhaltung stets ohne Steuer ausgewiesen, was den Überblick erleichtert.

KONTENRAHMENKMU ▰▰▰▰▰ **43**

Zudem ist aus den Konten «Umsatzsteuer» und «Vorsteuer» jederzeit der genaue Stand der Schuld oder der Forderung gegenüber der ESTV ersichtlich.

Eine Aufteilung der einzelnen Ertrags-, Aufwand- und Anlagekonten nach steuerlichen Gesichtspunkten entfällt (z.B. inkl. Vorsteuer Normalsatz, inkl. Vorsteuer reduzierter Satz, ohne abziehbare Vorsteuer usw.).

Die durch die separate Verbuchung der Steuerbetreffnisse verursachte Mehrarbeit fällt nicht sehr ins Gewicht, wenn die Aufteilung der Ein- und Ausgangsfakturen nach «Nettobetrag» und «Steuer» bereits in Grundbüchern, Fakturabüchern oder Journalen mit entsprechenden Rubriken erfolgt, und die Konten der Buchhaltung nur die verdichteten Sammelbeträge aufnehmen.

> **Bei Nettoverbuchung wird der Kontenplan des Unternehmens ganz wesentlich entlastet. Die Erfolgskonten enthalten keine Mehrwertsteuer, und eine Aufteilung der Konten nach Steuersätzen entfällt.**

Die Bruttoverbuchung

Bei der Bruttoverbuchung werden auf den Ertrags- und Aufwandkonten vorerst die Bruttobeträge inkl. Mehrwertsteuer auf dem Umsatz und Vorsteuer gebucht. Beide Steuerbetreffnisse werden nur periodisch, in der Regel monatlich, jedoch spätestens am Ende der Abrechnungsperiode global herausgerechnet und wie bei der Nettoverbuchung auf die separaten Konten 2200 «Umsatzsteuer» und 1170 bzw. 1171 «Vorsteuer» übertragen.

Die Ertrags- und Aufwandkonten weisen dann nur noch die Nettobeträge ohne Steuer aus.

Die Bruttoverbuchung eignet sich insbesondere für Ausgangsfakturen, sofern die betreffenden Umsätze durchwegs dem gleichen Steuersatz unterliegen. Sie kann zwar auch bei verschiedenen Steuersätzen oder bei Steuerbefreiung angewendet werden; doch sind in diesem Falle – zwecks einfacher Ermittlung der Steuer – die Konten nach Steuersätzen aufzuteilen, z.B.

    3000 Bruttoertrag MWST Normalsatz
    3001 Bruttoertrag MWST Reduzierter Satz
    3002 Bruttoertrag MWST Nullsatz mit Vorsteuerabzug
    3003 Bruttoertrag MWST Nullsatz ohne Vorsteuerabzug

Bei den Eingangsfakturen dürfte sich die Bruttoverbuchung in der Regel nur für den Material- und Wareneinkauf eignen, wobei auch hier die Konten nach Steuersätzen aufzugliedern sind, z.B.

    4000 Materialeinkauf MWST Normalsatz
    4001 Materialeinkauf MWST Reduzierter Satz
    4002 Materialeinkauf ohne Anspruch auf Vorsteuerabzug

Für die Verbuchung der Investitionen und des übrigen Betriebsaufwandes eignet sich dagegen die Bruttomethode weniger, weil die Unterteilung der einzelnen Konten nach steuerlichen Gesichtspunkten nicht nur erhebliche Mehrarbeit verursacht, sondern auch die Überblickbarkeit wesentlich beeinträchtigt. Dies trifft in besonderem Masse dann zu, wenn gewisse Investitionen und Aufwendungen nur teilweise zum Vorsteuerabzug berechtigen (Art. 32 Abs. 1 MWSTV).

> **Eine Aufteilung der Erträge und Aufwendungen nach Steuersätzen ist somit nur bei Bruttoverbuchung nötig. In der Praxis wird vor allem bei elektronischer Verarbeitung in der Regel die Nettoverbuchung angewendet. Dabei wird die Steuer automatisch auf das entsprechende Konto «Umsatzsteuer» oder «Vorsteuer» verbucht und die Aufteilung der Konten nach Steuersätzen entfällt.**

Fazit

Die Nettoverbuchung entspricht am besten dem besonderen Charakter der Mehrwertsteuer als durchlaufendem Posten.

Ertrag und Aufwand sowie Investitionen werden in der Buchhaltung stets ohne Steuer ausgewiesen, was den Überblick erleichtert.

Zudem ist aus den Konten 2200 «Geschuldete Mehrwertsteuer» und 1170 bzw. 1171 «Vorsteuern» jederzeit der genaue Stand der Verbindlichkeiten oder Forderungen gegenüber der Eidgenössischen Steuerverwaltung ersichtlich.

Die Mehrwertsteuer im Kontenrahmen KMU

Im Kontenrahmen KMU wurde aus Gründen der Übersichtlichkeit auf eine generelle Aufteilung der Ertrags- und Aufwandkonten nach Steuersätzen verzichtet. Lösungsansätze zur Aufteilung werden beim Betriebsertrag aus Lieferungen und Leistungen (Kontengruppen 300, 320 und 340) sowie beim Aufwand für Material, Waren und Drittleistungen (Kontengruppen 400 und 420) aufgezeigt.

Abkürzungen

Abs.	Absatz
ABR	Arbeitsbeschaffungsreserven
AHV	Alters- und Hinterlassenenversicherung
ALV	Arbeitslosenversicherung
Art.	Artikel
betr.	betreffend
BVG	Berufliches Vorsorge-Gesetz
CD	Compact Disc
DBG	Bundesgesetz über die Direkte Bundessteuer vom 14. 12. 1990
EO	Erwerbsersatz-Ordnung
ESTV	Eidgenössische Steuerverwaltung
FAK	Familienausgleichskasse(n)
FER	Fachkommission für Empfehlungen zur Rechnungslegung
GmbH	Gesellschaft mit beschränkter Haftung
IV	Invaliden-Versicherung
IVG	Bundesgesetz über die Invalidenversicherung
insbes.	insbesondere
KMU	Kleine und mittlere Unternehmungen
KVG	Bundesgesetz über die Krankenversicherung
MWST	Mehrwertsteuer
MWSTV	Verordnung über die Mehrwertsteuer vom 22. 6. 1994
OR	Schweizerisches Obligationenrecht
PC	Postcheck
RZ	Randziffer (Wegleitung für Mehrwertsteuerpflichtige)
SIU	Schweiz. Institut für Unternehmerschulung
StHG	Bundesgesetz über die Harmonisierung der direkten Steuern der Kantone und Gemeinden vom 14. 12. 1990
URE	Unterhalt, Reparaturen, Ersatz
usw.	und so weiter
UVG	Bundesgesetz über die Unfallversicherung
VEB	Vereinigung eidg. diplomierter Buchhalter/Controller
VEBIT	Vereinigung der eidg. diplomierten Buchhalter/Controller im Treuhandfach
vergl.	vergleiche
VST	Verrechnungssteuer
Wegl. MWST	Wegleitung für Mehrwertsteuerpflichtige
WIR	Wirtschaftsring-Genossenschaft, Basel
ZGB	Schweizerisches Zivilgesetzbuch
z.B.	zum Beispiel
Ziff.	Ziffer

1   Aktiven

10   Umlaufvermögen

100   Flüssige Mittel und Wertschriften

100.0 Kasse
1000   Hauptkasse
1001   Kasse Filiale
1002   Nebenkasse
1003   Fremdwährung A
1004   Fremdwährung B
1009   Wertberichtigung Fremdwährungen

101.0 Postcheckguthaben
1010   Postcheck Hauptbetrieb
1011   Postcheck Filiale

102.0 Bankguthaben
1020   Kontokorrent Hauptbetrieb
1021   Kontokorrent Nebenbetrieb
1022   Sparkonto
1023   Anlagekonto
1024   Fremdwährungskonto A
1025   Fremdwährungskonto B
1029   Wertberichtigung Fremdwährungskonten

103.0 frei

104.0 Checks, Besitzwechsel (diskontfähig)
1040   Checks
1041   Besitzwechsel
1049   Wertberichtigung, Besitzwechsel

105.0 Kurzfristige Geldanlagen
1050   Festgeldanlagen
1051   Treuhandanlagen
1052   Treuhandanlagen in Fremdwährung
1053   Geldmarktpapiere
1059   Wertberichtigung kurzfristige Geldanlagen

106.0 Wertschriften kurzfristig realisierbar
1060   Aktien (kotiert)
1061   Partizipationsscheine (kotiert)
1062   Anteilscheine (kotiert)
1063   Obligationen (kotiert)
1069   Wertberichtigung Wertschriften kurzfristig realisierbar

107.0 Andere kurzfristige Anlagen
1070 Derivative Finanzinstrumente
1079 Wertberichtigung übrige kurzfristige Anlagen

108.0 Eigene Aktien
1080 Eigene Aktien (kurzfristig realisierbar)
1089 Wertberichtigung eigene Aktien

109.0 Transferkonto
1090 Geld-Transferkonto

110 Forderungen

110.0 Forderungen aus Lieferungen und Leistungen (Debitoren)

110.00 Forderungen aus Leistung gegenüber Dritten
1100 Forderungen Schweiz
1101 Forderungen Ausland
1109 Wertberichtigung Forderungen gegenüber Dritten (Delkredere)

111.00 Forderungen aus Leistung gegenüber Konzerngesellschaften
1110 Forderungen gegenüber Tochtergesellschaft A
1111 Forderungen gegenüber Tochtergesellschaft B
1119 Wertberichtigung Forderungen gegenüber Konzerngesellschaften

112.00 Forderungen aus Leistung gegenüber Aktionären
1120 Forderungen gegenüber Aktionär X
1121 Forderungen gegenüber Aktionär Y
1129 Wertberichtigung Forderungen gegenüber Aktionären

113.00 frei

114.0 Andere kurzfristige Forderungen

114.00 Andere kurzfristige Forderungen gegenüber Dritten
1140 Kurzfristige Vorschüsse
1141 Kurzfristige Darlehensforderungen
1142 Spesenvorschüsse
1149 Wertberichtigung andere Forderungen gegenüber Dritten

**115.00 Andere kurzfristige Forderungen
gegenüber Konzerngesellschaften**
1150 Darlehensforderung gegenüber Tochtergesellschaft A
1151 Darlehensforderung gegenüber Tochtergesellschaft B
1159 Wertberichtigung andere Forderungen gegenüber Konzerngesellschaften

116.00 Andere kurzfristige Forderungen gegenüber Aktionären
1160 Darlehensforderung gegenüber Aktionär X
1161 Darlehensforderung gegenüber Aktionär Y
1169 Wertberichtigung andere Forderungen gegenüber Aktionären

117.00 Forderungen gegenüber staatlichen Stellen
1170 MWST: Vorsteuer auf Materialaufwand und Dienstleistungen
1171 MWST: Vorsteuer auf Investitionen und übrigem Betriebsaufwand
1176 Guthaben Verrechnungssteuer
1177 Forderungen gegenüber Oberzolldirektion
1178 Forderungen gegenüber SUVA

118.00 Nicht einbezahltes Aktienkapital
1180 Nicht einbezahltes, eingefordertes Aktienkapital

119.00 Übrige kurzfristige Forderungen
1190 WIR-Guthaben
1191 Barkautionen
1192 Vorauszahlungen an Lieferanten
1193 Nicht diskontfähige Besitzwechsel
1194 Prämien-Kontokorrent
1199 Wertberichtigung übrige kurzfristige Forderungen

120 Vorräte und angefangene Arbeiten

120.0 Vorräte Handelswaren
1200 Vorräte Handelswaren A
1201 Vorräte Handelswaren B
1208 Anzahlungen für Handelswaren
1209 Wertberichtigung Vorräte Handelswaren (Warenreserve)

121.0 Vorräte Rohstoffe
1210 Vorräte Rohstoff A
1211 Vorräte Rohstoff B
1218 Anzahlungen für Rohstoffe
1219 Wertberichtigung Vorräte Rohstoffe (Warenreserve)

122.0 Vorräte Werkstoffe
1220 Vorräte Fertigteile
1221 Vorräte Halbfabrikate
1228 Anzahlungen für Werkstoffe
1229 Wertberichtigung Vorräte Werkstoffe (Warenreserve)

123.0 Vorräte Hilfs- und Verbrauchsmaterial
1230 Vorräte Hilfsmaterial
1231 Vorräte Verbrauchsmaterial

1232   Vorräte Verpackungsmaterial
1238   Anzahlungen für Hilfs- und Verbrauchsmaterial
1239   Wertberichtigung Vorräte Hilfs- und Verbrauchsmaterial (Warenreserve)

124.0   Pflichtlager
1240   Pflichtlagervorräte
1248   Anzahlungen für Pflichtlagervorräte
1249   Wertberichtigung Pflichtlagervorräte (Warenreserve)

125.0   Waren in Konsignation
1250   Handelswaren in Konsignation

126.0   Fertigfabrikate
1260   Fertigfabrikate
1269   Wertberichtigung Fertigfabrikate

127.0   Halbfabrikate
1270   Halbfabrikate
1279   Wertberichtigung Halbfabrikate

128.0   Angefangene Arbeiten
1280   Angefangene Arbeiten
1289   Wertberichtigung angefangene Arbeiten

129.0   frei

130   Aktive Rechnungsabgrenzung

130.0   Aktive Rechnungsabgrenzung (Transitorische Aktiven)
1300   Vorausbezahlte Aufwendungen
1301   Noch nicht erhaltene Erträge

131 – 139 frei

14   Anlagevermögen

140   Finanzanlagen

140.0   Wertpapiere des Anlagevermögens
1400   Aktien
1401   Partizipationsscheine
1402   Anteilscheine
1403   Obligationen
1404   Kassenscheine
1409   Wertberichtigung Wertpapiere des Anlagevermögens

141.0 Andere Finanzanlagen
1410 Anlagekonto
1411 Sperrkonto Arbeitsbeschaffungsreserve
1419 Wertberichtigung andere Finanzanlagen

142.0 Beteiligungen
1420 Beteiligung an Tochtergesellschaft A
1421 Beteiligung an Tochtergesellschaft B
1422 Andere Beteiligungen
1429 Wertberichtigung Beteiligungen

143.0 frei

144.0 Langfristige Forderungen gegenüber Dritten
1440 Darlehensforderung gegenüber Dritten
1441 Aktivhypotheken gegenüber Dritten
1449 Wertberichtigung langfristige Forderungen gegenüber Dritten

145.0 Langfristige Forderungen gegenüber Konzerngesellschaften
1450 Darlehensforderungen gegenüber Tochtergesellschaften
1451 Aktivhypotheken gegenüber Tochtergesellschaften
1459 Wertberichtigung langfristige Forderungen
gegenüber Konzerngesellschaften

146.0 Langfristige Forderungen gegenüber Aktionären
1460 Darlehensforderungen gegenüber Aktionären
1461 Aktivhypotheken gegenüber Aktionären
1469 Wertberichtigung langfristige Forderungen gegenüber Aktionären

147.0 frei

148.0 frei

149.0 Eigene Aktien
1490 Eigene Aktien
1499 Wertberichtigung eigene Aktien

150 Mobile Sachanlagen

150.0 Maschinen und Apparate Produktion
1500 Maschinen und Apparate
1501 Produktionsanlagen
1508 Anzahlungen für Maschinen und Apparate Produktion
1509 Wertberichtigung Maschinen und Apparate Produktion

151.0 Mobiliar und Einrichtungen
1510 Geschäftsmobiliar
1511 Werkstatteinrichtungen
1512 Ladeneinrichtungen
1513 Büromobiliar
1518 Anzahlungen für Mobiliar und Einrichtungen
1519 Wertberichtigung Mobiliar und Einrichtungen

152.0 Büromaschinen, EDV-Anlagen, Kommunikationssysteme
1520 Büromaschinen
1521 Datenverarbeitungsanlagen
1522 Kommunikationssysteme
1523 Automatische Steuerungssysteme
1524 Sicherheitseinrichtungen
1525 Elektronische Mess- und Prüfgeräte
1526 Software
1528 Anzahlungen für Büromaschinen, EDV-Anlagen,
      Kommunikationssysteme
1529 Wertberichtigung auf Büromaschinen, EDV-Anlagen,
      Kommunikationssystemen

153.0 Fahrzeuge
1530 Personenwagen
1531 Lieferwagen
1532 Lastwagen
1533 Spezialfahrzeuge
1538 Anzahlungen für Fahrzeuge
1539 Wertberichtigung Fahrzeuge

154.0 Werkzeuge und Geräte
1540 Werkzeuge und Geräte
1548 Anzahlungen für Werkzeuge und Geräte
1549 Wertberichtigung Werkzeuge und Geräte

155.0 Lagereinrichtungen
1550 Lagereinrichtungen
1551 Hochregallager
1558 Anzahlungen für Lagereinrichtungen
1559 Wertberichtigung Lagereinrichtungen

156.0 frei

157.0 Feste Einrichtungen und Installationen
1570 Fahrnisbauten
1571 Gleisanschlüsse
1572 Tankanlagen
1573 Container
1574 Liftanlagen, Rolltreppen

1575 Arbeiterbaracken
1578 Anzahlungen für feste Einrichtungen und Installationen
1579 Wertberichtigung feste Einrichtungen und Installationen

158.0 frei

159.0 Übrige mobile Sachanlagen
1590 Wäsche und Berufskleider
1591 Formen und Modelle
1598 Anzahlungen für übrige mobile Sachanlagen
1599 Wertberichtigung übrige mobile Sachanlagen

160 Immobile Sachanlagen

160.0 Geschäftsliegenschaften
1600 Gewerbliche Bauten
1601 Land
1608 Anzahlungen für Geschäftsliegenschaften
1609 Wertberichtigung Geschäftsliegenschaften

161.0 Fabrikgebäude
1610 Fabrikgebäude
1611 Land
1618 Anzahlungen für Fabrikgebäude
1619 Wertberichtigung Fabrikgebäude

162.0 Werkstattgebäude, Atelier
1620 Werkstattgebäude, Atelier
1621 Land
1628 Anzahlungen für Werkstattgebäude, Atelier
1629 Wertberichtigung Werkstattgebäude, Atelier

163.0 Lagergebäude
1630 Lagergebäude
1631 Land
1638 Anzahlungen für Lagergebäude
1639 Wertberichtigung Lagergebäude

164.0 Ausstellungs- und Verkaufsgebäude
1640 Ausstellungsgebäude
1641 Verkaufsgebäude
1642 Land
1648 Anzahlungen für Ausstellungs- und Verkaufsgebäude
1649 Wertberichtigung Ausstellungs- und Verkaufsgebäude

165.0 Büro- und Verwaltungsgebäude
1650 Bürogebäude
1651 Verwaltungsgebäude
1652 Land
1658 Anzahlungen für Büro- und Verwaltungsgebäude
1659 Wertberichtigung Büro- und Verwaltungsgebäude

166.0 Wohnhäuser
1660 Personalwohnhäuser
1661 Wohnhäuser von Immobiliengesellschaften
1662 Land
1668 Anzahlungen für Wohnhäuser
1669 Wertberichtigung Wohnhäuser

167.0 frei

168.0 Unbebaute Grundstücke
1680 Unbebaute Grundstücke
1681 Baulandreserve
1688 Anzahlungen für unbebaute Grundstücke
1689 Wertberichtigung unbebaute Grundstücke

169.0 frei

170 Immaterielle Anlagen

170.0 Patente, Know-how, Rezepte
1700 Patente
1701 Know-how
1702 Rezepte
1709 Wertberichtigung Patente, Know-how, Rezepte

171.0 Marken, Muster, Modelle, Pläne
1710 Marken
1711 Muster
1712 Modelle
1713 Pläne
1719 Wertberichtigung Marken, Muster, Modelle, Pläne

172.0 Lizenzen, Konzessionen, Nutzungsrechte, Firmenrechte
1720 Lizenzen
1721 Konzessionen
1722 Nutzungsrechte
1723 Firmenrechte
1729 Wertberichtigung Lizenzen, Konzessionen, Nutzungsrechte,
     Firmenrechte

173.0 Urheberrechte, Verlagsrechte, Vertragsrechte
1730   Urheberrechte
1731   Verlagsrechte
1732   Vertragsrechte
1739   Wertberichtigung Urheberrechte, Verlagsrechte, Vertragsrechte

174.0 – 176.0 frei

177.0 Goodwill
1770   Goodwill (Geschäftsmehrwert)
1779   Wertberichtigung Goodwill

178.0 frei

179.0 Übrige immaterielle Anlagen
1790   Kundenkarteien
1791   EDV-Software (selbst erarbeitet)
1792   Konkurrenzverbot
1799   Wertberichtigung übrige immaterielle Anlagen

18   Aktivierter Aufwand und aktive Berichtigungsposten

180   Aktivierter Aufwand und aktive Berichtigungsposten

180.0 Aktivierter Aufwand

180.00 Gründungs-, Kapitalerhöhungs- und Organisationsaufwand
1800   Gründungsaufwand
1801   Kapitalerhöhungsaufwand
1802   Organisationsaufwand
1809   Wertberichtigung Gründungs-, Kapitalerhöhungs-
       und Organisationsaufwand

181.00 Darlehens- und Obligationendisagio
1810   Darlehensdisagio
1811   Obligationendisagio

182.00 Forschungs- und Entwicklungsaufwand
1820   Forschungsaufwand
1821   Entwicklungsaufwand
1829   Wertberichtigung Forschungs- und Entwicklungsaufwand

183.00 frei

184.00 Übriger aktivierter Aufwand

1840   Prozessaufwand
1849   Wertberichtigung übriger aktivierter Aufwand

185.0 Aktive Berichtigungsposten

185.00 Nicht einbezahltes Aktienkapital

1850   Nicht einbezahltes Aktienkapital
1859   Wertberichtigung nicht einbezahltes Aktienkapital

186.00 – 189.00 frei

19   Betriebsfremdes Vermögen

190   Betriebsfremdes Vermögen

190.0 Flüssige Mittel und Wertschriften

1900   Kasse
1901   Postcheckguthaben
1902   Bankguthaben
1909   Wertberichtigung flüssige Mittel und Wertschriften

191.0 Kurzfristige Forderungen

1910   Kurzfristige Forderungen
1919   Wertberichtigung kurzfristige Forderungen

192.0 Vorräte und angefangene Arbeiten

1920   Vorräte
1921   Angefangene Arbeiten
1928   Anzahlungen für Vorräte
1929   Wertberichtigung Vorräte und angefangene Arbeiten

193.0 Aktive Rechnungsabgrenzung

1930   Aktive Rechnungsabgrenzung

194.0 Finanzanlagen

1940   Aktien
1941   Obligationen
1949   Wertberichtigung Finanzanlagen

195.0 Mobile Sachanlagen
1950 Maschinen und Apparate
1951 Mobiliar und Einrichtungen
1958 Anzahlungen für mobile Sachanlagen
1959 Wertberichtigung mobile Sachanlagen

196.0 Immobile Sachanlagen
1960 Wohnliegenschaften
1961 Stockwerkeigentum
1962 Unbebaute Grundstücke
1968 Anzahlungen für immobile Sachanlagen
1969 Wertberichtigung immobile Sachanlagen

197.0 Immaterielle Anlagen
1970 Patente, Know-how, Rezepte
1971 Marken, Muster, Modelle, Pläne
1972 Lizenzen, Konzessionen, Nutzungsrechte, Firmenrechte
1973 Urheberrechte, Verlagsrechte, Vertragsrechte
1979 Wertberichtigung immaterielle Anlagen

198.0 Aktivierter Aufwand
1980 Aktivierter Aufwand
1989 Wertberichtigung aktivierter Aufwand

199.0 frei

Bilanzverlust unter 299.0

2 Passiven

20 Fremdkapital kurzfristig

200 Kurzfristige Verbindlichkeiten aus Lieferungen und Leistungen

200.0 Verbindlichkeiten aus Lieferungen und Leistungen gegenüber Dritten (Kreditoren)
2000 Verbindlichkeiten für Material- und Warenaufwand
2001 Verbindlichkeiten für Drittleistungen
2002 Verbindlichkeiten für Personalaufwand
2003 Verbindlichkeiten für Sozialversicherungen
2004 Verbindlichkeiten für übrigen Betriebsaufwand
2005 Verbindlichkeiten aus Leasingverträgen

201.0 frei

202.0 frei

203.0 Anzahlungen von Kunden
2030 Anzahlungen von Kunden

204.0 frei

205.0 Verbindlichkeiten aus Lieferungen und Leistungen gegenüber Konzerngesellschaften
2050 Verbindlichkeiten gegenüber Tochtergesellschaft A
2051 Verbindlichkeiten gegenüber Tochtergesellschaft B

206.0 Verbindlichkeiten aus Lieferungen und Leistungen gegenüber Aktionären
2060 Verbindlichkeiten gegenüber Aktionär X
2061 Verbindlichkeiten gegenüber Aktionär Y

207.0 – 209.0 frei

210 Kurzfristige Finanzverbindlichkeiten

210.0 Bankverbindlichkeiten kurzfristig
2100 Bankschulden kurzfristig

211.0 Postcheck- und WIR-Verbindlichkeiten
2110 Postcheckschulden
2111 WIR-Schulden

212.0 Wechselverpflichtungen
2120   Schuldwechsel
2121   Pflichtlagerwechsel

213.0 frei

214.0 Sonstige kurzfristige Finanzverbindlichkeiten gegenüber Dritten
2140   Kurzfristige Finanzverbindlichkeiten gegenüber Dritten

215.0 Kurzfristige Finanzverbindlichkeiten gegenüber Konzerngesellschaften
2150   Kurzfristige Finanzverbindlichkeiten gegenüber Tochter A
2151   Kurzfristige Finanzverbindlichkeiten gegenüber Tochter B

216.0 Kurzfristige Finanzverbindlichkeiten gegenüber Aktionären
2160   Kurzfristige Finanzverbindlichkeiten gegenüber Aktionär X
2161   Kurzfristige Finanzverbindlichkeiten gegenüber Aktionär Y

217.0 Kurzfristige Finanzverbindlichkeiten gegenüber Vorsorgeeinrichtungen
2170   Kurzfristige Finanzverbindlichkeiten gegenüber Vorsorgeeinrichtung

218.0 Kurzfristig fälliger Teil von langfristigen Finanzverbindlichkeiten
2180   Amortisationsraten auf Hypotheken
2181   Amortisationsraten auf Darlehen

219.0 frei

220   Andere kurzfristige Verbindlichkeiten

220.0 Verbindlichkeiten gegenüber staatlichen Stellen
2200   Geschuldete Mehrwertsteuer (Umsatzsteuer)
2206   Geschuldete Verrechnungssteuer
2207   Geschuldete Emissionsabgabe
2208   Geschuldete direkte Steuern

221.0 Andere kurzfristige Verbindlichkeiten gegenüber Dritten
2210   Kurzfristige Vorschüsse von Dritten
2211   Kurzfristige Darlehen von Dritten

222.0 frei

223.0 Fällige Dividenden und Obligationenzinsen
2230   Dividende Geschäftsjahr …
2231   Nicht eingelöste Dividenden aus früheren Geschäftsjahren
2232   Fällige Obligationenzinsen

224.0 Fällige Obligationenanleihen
2240   Fällige Obligationenanleihe

225.0 Andere kurzfristige Verbindlichkeiten gegenüber Konzerngesellschaften
2250   Kurzfristige Verbindlichkeiten gegenüber Tochtergesellschaft A
2251   Kurzfristige Verbindlichkeiten gegenüber Tochtergesellschaft B

226.0 Andere kurzfristige Verbindlichkeiten gegenüber Aktionären
2260   Kurzfristige Verbindlichkeit gegenüber Aktionär X
2261   Kurzfristige Verbindlichkeit gegenüber Aktionär Y

227.0 Andere kurzfristige Verbindlichkeiten gegenüber Vorsorgeeinrichtungen
2270   Kurzfristige Verbindlichkeit gegenüber Vorsorgeeinrichtung

228.0 frei

229.0 Gewinnausschüttungen
2290   Gewinnausschüttungen an Dritte

230 Passive Rechnungsabgrenzung Kurzfristige Rückstellungen

230.0 Passive Rechnungsabgrenzung

230.00 Passive Rechnungsabgrenzung (Transitorische Passiven)
2300   Noch nicht bezahlte Aufwendungen
2301   Im voraus erhaltene Erträge

231.0 frei

232.0 frei

233.0 Kurzfristige Rückstellungen

233.00 Kurzfristige Rückstellungen aus Lieferung und Leistung
2330   Rückstellung für Garantiearbeiten (kurzfristig)
2331   Rückstellung für Risiken aus Abnahmeverpflichtungen

234.00 Kurzfristige Rückstellungen für Steuern
2340   Rückstellung für direkte Steuern
2341   Rückstellung für indirekte Steuern

235.0 – 239.0 frei

24   Fremdkapital langfristig

240   Langfristige Finanzverbindlichkeiten

240.0   Bankverbindlichkeiten
2400   Bankschulden langfristig

241.0   frei

242.0   Leasingverbindlichkeiten
2420   Leasingverbindlichkeiten langfristig

243.0   frei

244.0   Hypothekarverbindlichkeiten
2440   Hypotheken auf Geschäftsliegenschaften
2441   Hypotheken auf Fabrikgebäuden
2442   Hypotheken auf Werkstattgebäuden
2443   Hypotheken auf Lagergebäuden
2444   Hypotheken auf Ausstellungs- und Verkaufsgebäuden
2445   Hypotheken auf Büro- und Verwaltungsgebäuden
2446   Hypotheken auf Wohnhäusern
2447   frei
2448   Hypotheken auf unbebauten Grundstücken
2449   frei

245.0   frei

246.0   Obligationenanleihen
2460   Obligationenanleihen

247.0 – 249.0 frei

250   Andere langfristige Verbindlichkeiten

250.0   Langfristige Darlehensverbindlichkeiten gegenüber Dritten
2500   Langfristige Darlehensverbindlichkeiten gegenüber Dritten

251.0 – 254.0 frei

255.0   Langfristige Verbindlichkeiten gegenüber Konzerngesellschaften
2550   Darlehensverbindlichkeiten gegenüber Konzerngesellschaften
2551   Hypothekarverbindlichkeiten gegenüber Konzerngesellschaften

256.0 Langfristige Verbindlichkeiten gegenüber Aktionären
2560   Darlehensverbindlichkeiten gegenüber Aktionären
2561   Hypothekarverbindlichkeiten gegenüber Aktionären

257.0 Langfristige Verbindlichkeiten gegenüber Vorsorgeeinrichtungen
2570   Darlehensverbindlichkeiten gegenüber Vorsorgeeinrichtungen
2571   Hypothekarverbindlichkeiten gegenüber Vorsorgeeinrichtungen

258.0 frei

259.0 frei

260   Rückstellungen langfristig

260.0 Rückstellungen für Reparatur, Sanierung und Erneuerung
2600   Rückstellung für Reparaturen und Unterhalt
2601   Rückstellung für Sanierung
2602   Rückstellung für Erneuerung

261.0 Rückstellungen für Forschung und Entwicklung
2610   Rückstellung für Forschung
2611   Rückstellung für Entwicklung

262.0 Rückstellungen für betriebliche Umstrukturierung
2620   Rückstellung für betriebliche Umstrukturierung

263.0 Rückstellungen aus Lieferung und Leistung (langfristig)
2630   Rückstellungen für Garantiearbeiten

264.0 Rückstellungen für Steuern (langfristig)
2640   Rückstellungen für latente Steuern

265.0 Rückstellungen für Umweltschutzmassnahmen
2650   Rückstellung für Umweltschutzmassnahmen

266.0 frei

267.0 Rückstellungen für Altersvorsorge
2670   Rückstellungen für Personalvorsorge

268.0 frei

269.0 Übrige Rückstellungen
2690   Übrige Rückstellungen

27   Fremdkapital betriebsfremd

270   Betriebsfremde Verbindlichkeiten

270.0 Kurzfristige Verbindlichkeiten aus Leistung
2700   Kurzfristige Verbindlichkeiten aus Leistung

271.0 Kurzfristige Finanzverbindlichkeiten
2710   Kurzfristige Bankschulden
2711   Postcheckschulden
2712   Wechselverpflichtungen

272.0 Andere kurzfristige Verbindlichkeiten
2720   Steuerschulden

273.0 Passive Rechnungsabgrenzung, kurzfristige Rückstellungen
2730   Passive Rechnungsabgrenzung
2733   Kurzfristige Rückstellungen

274.0 Langfristige Finanzverbindlichkeiten
2740   Langfristige Bankschulden
2741   Leasingverbindlichkeiten

275.0 Andere langfristige Verbindlichkeiten
2750   Feste Vorschüsse
2751   Langfristige Darlehensverbindlichkeiten
2752   Hypothekarverbindlichkeiten

276.0 Rückstellungen
2760   Rückstellungen für Steuern

277.0 – 279.0 frei

28   Eigenkapital

280   Kapital/Privat

280.0 Kapital

280.00 Eigenkapital Einzelfirmen
2800   Eigenkapital
2801   Eigengut Ehepartner

KONTENRAHMENKMU ▬▬▬▬   **63**

280.00 Eigenkapital Personengesellschaften
2800   Kapital Teilhaber A
2801   Kapital Teilhaber B
2802   Kapital Kommanditär C

280.00 Stammkapital GmbH
2800   Stammkapital

280.00 Genossenschaftskapital
2800   Genossenschaftskapital

280.00 Aktienkapital
2800   Aktienkapital
       oder
2800   Stammaktienkapital
2801   Prioritätsaktienkapital
2802   Mitarbeiteraktienkapital
       oder
2800   Namenaktienkapital
2801   Inhaberaktienkapital
       oder
2800   Namenaktienkapital A (Stimmrechtsaktien)
2801   Namenaktienkapital B

281.00 Partizipationskapital
2810   Partizipationskapital

282.00 – 284.00 frei

285.0 Privat

Für Einzelfirmen und Personengesellschaften

285.00 Privatkonto (Einzelfirma)
2850   Privatbezüge in bar
2851   Naturalbezüge
2852   Privatanteile am Betriebsaufwand
       (Personal-, Raum-, Fahrzeug- und Verwaltungsaufwand)
2853   Mietwert Privatwohnung
2854   Private Versicherungsprämien
2855   Private Vorsorgebeiträge
2856   Private Steuern

285.00 Privatkonto Gesellschafter A

286.00 Privatkonto Gesellschafter B

287.00 frei

288.00 Abrechnungskonten für Privatliegenschaften
2880   Privatliegenschaft in A
2881   Privatliegenschaft in B

289.00 frei

290   Reserven, Bilanzgewinn

290.0 Reserven

290.00 Gesetzliche Reserven
2900   Allgemeine Reserve
2901   Reserve für eigene Aktien
2902   Agioeinzahlungen
2903   Aufwertungsreserve

291.00 Andere Reserven
2910   Statutarische Reserven
2911   Reserve zu Wohlfahrtszwecken für Arbeitnehmer
2912   Reserve zu Wiederbeschaffungszwecken
2913   Reserve für Dividendenausgleich
2914   Arbeitsbeschaffungsreserve ABR
2915   Freie Reserven

291.0 – 298.0 frei

299.0 Bilanzgewinn/Bilanzverlust

299.00 Bilanzgewinn/Bilanzverlust
2990   Gewinnvortrag/Verlustvortrag
2991   Jahresgewinn/Jahresverlust

3 Betriebsertrag aus Lieferungen und Leistungen

30 Produktionsertrag

300 Produktionsertrag Bereich A
3000 Bruttoertrag Produkt X
3001 Bruttoertrag Produkt Y
oder
3000 Bruttoertrag Barverkäufe
3001 Bruttoertrag Kreditverkäufe Detail
3002 Bruttoertrag Kreditverkäufe Engros
oder
3000 Bruttoertrag MWST Normalsatz
3001 Bruttoertrag MWST Reduzierter Satz
3002 Bruttoertrag MWST Nullsatz mit Vorsteuerabzug
3003 Bruttoertrag MWST Nullsatz ohne Vorsteuerabzug
3004 frei
3005 frei
3006 frei
3007 Bruttoertrag aus Nebenleistungen (Porto und Verpackung)
3008 Bestandesänderungen angefangene Arbeiten (Bereich A)
3009 Ertragsminderungen (Bereich A)

301 Produktionsertrag Bereich B

302 Produktionsertrag Bereich C

303 – 304 frei

305 Produktionsertrag aus Leistungen an Konzerngesellschaften

306 – 307 frei

308 Bestandesänderungen angefangene und fertige Arbeiten Produktion

309 Ertragsminderungen Produktion
3090 Skonti
3091 Rabatte und Preisnachlässe
3092 Umsatzrückvergütungen
3093 Provisionen an Dritte
3094 Inkassospesen
3095 Verluste aus Forderungen
3096 Kursdifferenzen
3097 Frachten, Porti
3098 frei
3099 frei

31 frei

32 Handelsertrag

320 Handelsertrag Bereich A
3200 Bruttoertrag Artikel X
3201 Bruttoertrag Artikel Y
oder
3200 Bruttoertrag Barverkäufe
3201 Bruttoertrag Kreditverkäufe Detail
3202 Bruttoertrag Kreditverkäufe Engros
oder
3200 Bruttoertrag MWST Normalsatz
3201 Bruttoertrag MWST Reduzierter Satz
3202 Bruttoertrag MWST Nullsatz mit Vorsteuerabzug
3203 Bruttoertrag MWST Nullsatz ohne Vorsteuerabzug
3204 frei
3205 frei
3206 frei
3207 Bruttoertrag aus Nebenleistungen (Porto und Verpackung)
3208 frei
3209 Ertragsminderungen (Bereich A)

321 Handelsertrag Bereich B

322 Handelsertrag Bereich C

323 – 324 frei

325 Handelsertrag aus Leistungen an Konzerngesellschaften

326 – 328 frei

329 Ertragsminderungen Handel
3290 Skonti
3291 Rabatte und Preisnachlässe
3292 Umsatzrückvergütungen
3293 Provisionen an Dritte
3294 Inkassospesen
3295 Verluste aus Forderungen
3296 Kursdifferenzen
3297 Frachten, Porti
3298 frei
3299 frei

33 frei

34   Dienstleistungsertrag

340   Dienstleistungsertrag Bereich A
3400   Bruttoertrag Dienstleistung X
3401   Bruttoertrag Dienstleistung Y
        oder
3400   Bruttoertrag Bargeschäft
3401   Bruttoertrag Kreditgeschäft
        oder
3400   Bruttoertrag MWST Normalsatz
3401   Bruttoertrag MWST Reduzierter Satz
3402   Bruttoertrag MWST Nullsatz mit Vorsteuerabzug
3403   Bruttoertrag MWST Nullsatz ohne Vorsteuerabzug
3404   frei
3405   frei
3406   frei
3407   Bruttoertrag aus Nebenleistungen
3408   Bestandesänderungen angefangene Arbeiten (Bereich A)
3409   Ertragsminderungen (Bereich A)

341   Dienstleistungsertrag Bereich B

342   Dienstleistungsertrag Bereich C

343 – 344 frei

345   Dienstleistungsertrag aus Leistungen an Konzerngesellschaften

346 – 347 frei

348   Bestandesänderungen angefangene und fertiggestellte Dienstleistungen

349   Ertragsminderungen Dienstleistungen
3490   Skonti
3491   Rabatte und Preisnachlässe
3492   Umsatzrückvergütungen
3493   Provisionen an Dritte
3494   Inkassospesen
3495   Verluste aus Forderungen
3496   Kursdifferenzen
3497   Porti
3498   frei
3499   frei

35   frei

36   Übriger Ertrag

360   Nebenertrag aus Lieferung und Leistung
3600   Verkauf von Rohmaterial
3601   Verkauf von Hilfsmaterial
3602   Verkauf von Abfällen
3603 – 3606 frei
3607   Ertrag aus Nebenarbeiten
3608   Bestandesveränderungen angefangene Arbeiten
3609   Ertragsminderungen auf Nebenerlösen

361   Erträge aus Lizenzen, Patenten usw.
3610   Lizenzertrag für Produkt X
3611   Ertrag für Patent Y
3619   Ertragsminderungen aus Lizenzen, Patenten usw.

362 – 364 frei

365   Übriger Ertrag aus Leistungen an Konzerngesellschaften

366   frei

367   Ertrag aus Personalausleihung

368   Sonstiger Ertrag aus Lieferungen und Leistungen
3680   Erträge aus Expertisen
3681   Erträge aus Lehrtätigkeit

369   Ertragsminderungen auf übrigem Ertrag
3690   Skonti
3691   Rabatte und Preisnachlässe

37   Eigenleistungen und Eigenverbrauch

370   Eigenleistungen
3700   Eigenherstellung von mobilen Sachanlagen
3701   Eigenherstellung von immobilen Sachanlagen
3702   Eigenreparaturen an mobilen Sachanlagen
3703   Eigenreparaturen an immobilen Sachanlagen

371   Eigenverbrauch an selbsthergestellten Produkten
3710   Eigenverbrauch Produkt X
3711   Eigenverbrauch Produkt Y

372 Eigenverbrauch an Handelswaren
3720 Eigenverbrauch Artikel X
3721 Eigenverbrauch Artikel Y

373 frei

374 Eigenverbrauch an Dienstleistungen
3740 Eigenverbrauch Dienstleistung X
3741 Eigenverbrauch Dienstleistung Y

375 – 379 frei

38 Bestandesänderungen angefangene und fertiggestellte Arbeiten aus Produktion und Dienstleistung

380 Bestandesänderungen angefangene und fertiggestellte Arbeiten Produktion
3800 Bestandesänderungen angefangene Arbeiten Produktion
3801 Bestandesänderungen fertige Arbeiten Produktion

381 – 383 frei

384 Bestandesänderungen angefangene und fertiggestellte Dienstleistungen
3840 Bestandesänderungen angefangene Dienstleistungen
3841 Bestandesänderungen fertiggestellte Dienstleistungen

385 – 389 frei

39 Ertragsminderungen aus Produktions-, Handels- und Dienstleistungserträgen

390 Ertragsminderungen
3900 Skonti
3901 Rabatte und Preisnachlässe
3902 Umsatzvergütungen
3903 Provisionen an Dritte
3904 Inkassospesen
3905 Verluste aus Forderungen
3906 Kursdifferenzen
3907 Frachten, Porti
3908 frei
3909 frei

391 – 399 frei

4 Aufwand für Material, Waren und Drittleistungen

40 Materialaufwand

400 Materialaufwand Bereich A
4000 Materialeinkauf Produkt X
4001 Materialeinkauf Produkt Y
oder
4000 Einkauf von Apparaten
4001 Einkauf von Bestandteilen
4002 Einkauf von Zubehörteilen
4003 Einkauf sonstiger Werkstoffe
4004 Einkauf von Hilfs- und Verbrauchsmaterial
4005 Einkauf von Verpackungsmaterial
oder
4000 Materialeinkauf MWST Normalsatz
4001 Materialeinkauf MWST Reduzierter Satz
4002 Materialeinkauf ohne Anspruch auf Vorsteuerabzug
4005 Einkauf von Verpackungsmaterial
4006 Fremdarbeiten
4007 Direkte Einkaufsspesen
4008 Bestandesveränderungen (Bereich A)
4009 Einkaufspreisminderungen (Bereich A)

401 Materialaufwand Bereich B

402 Materialaufwand Bereich C

403 – 405 frei

406 Fremdarbeiten
4060 Fremdarbeiten Bereich A
4061 Fremdarbeiten Bereich B
4062 Fremdarbeiten Bereich C

407 Direkte Einkaufsspesen
4070 Eingangsfrachten
4071 Einfuhrzölle
4072 Eingangsspedition

408 Bestandesveränderungen, Materialverluste

4080 Bestandesveränderungen Bereich A
4081 Bestandesveränderungen Bereich B
4082 Bestandesveränderungen Bereich C
4086 Materialverluste Bereich A
4087 Materialverluste Bereich B
4088 Materialverluste Bereich C

409 Einkaufspreisminderungen Produktion

4090 Skonti
4091 Rabatte und Preisnachlässe
4092 Umsatzrückvergütungen
4093 Einkaufsprovisionen
4094 frei
4095 frei
4096 Kursdifferenzen
4097 frei
4098 frei
4099 frei

41 frei

42 Handelswarenaufwand

420 Handelswarenaufwand Bereich A

4200 Handelswareneinkauf Artikel X
4201 Handelswareneinkauf Artikel Y
     oder
4200 Handelswareneinkauf MWST Normalsatz
4201 Handelswareneinkauf MWST Reduzierter Satz
4202 Handelswareneinkauf ohne Anspruch auf Vorsteuerabzug
4203 frei
4204 frei
4205 Einkauf von Verpackungsmaterial
4206 frei
4207 Einkaufsspesen
4208 Bestandesveränderungen (Bereich A)
4209 Einkaufspreisminderungen (Bereich A)

421 Handelswarenaufwand Bereich B

422 Handelswarenaufwand Bereich C

423 – 426 frei

427 Direkte Einkaufsspesen Handel
4270 Eingangsfrachten
4271 Einfuhrzölle
4272 Eingangsspedition

428 Bestandesveränderungen, Warenverluste Handelswaren
4280 Bestandesveränderungen Bereich A
4281 Bestandesveränderungen Bereich B
4282 Bestandesveränderungen Bereich C
4286 Warenverluste Bereich A
4287 Warenverluste Bereich B
4288 Warenverluste Bereich C

429 Einkaufspreisminderungen Handel
4290 Skonti
4291 Rabatte und Preisnachlässe
4292 Umsatzrückvergütungen
4293 Einkaufsprovisionen
4294 frei
4295 frei
4296 Kursdifferenzen
4297 frei
4298 frei
4299 frei

43 frei

44 Aufwand für Drittleistungen (Dienstleistungen)

440 Aufwand für Drittleistungen Bereich A
4400 Aufwand für Drittleistungen Dienstleistung X
4401 Aufwand für Drittleistungen Dienstleistung Y
4407 Direkte Spesen für Drittleistungen (Bereich A)
4409 Aufwandminderungen (Bereich A)

441 Aufwand für Drittleistungen Bereich B

442 Aufwand für Drittleistungen Bereich C

443 – 446 frei

447 Direkte Spesen für Drittleistungen
4470 Direkte Spesen Bereich A
4471 Direkte Spesen Bereich B
4472 Direkte Spesen Bereich C

448 **frei**

449 **Aufwandminderungen für Drittleistungen (Dienstleistungen)**
4490 Skonti
4491 Rabatte und Preisnachlässe
4492 Umsatzvergütungen
4493 Einkaufsprovisionen
4494 frei
4495 frei
4496 Kursdifferenzen
4497 frei
4498 frei
4499 frei

45 Energieaufwand zur Leistungserstellung

450 **Elektrizität**
4500 Wärmestrom
4501 Kraftstrom

451 **Gas**
4510 Erdgas
4511 Flüssiggas in Flaschen

452 **Brennstoffe**
4520 Heizöl
4521 Kohle, Briketts, Holz

453 **Betriebsstoffe**
4530 Benzin
4531 Diesel
4532 Öl

454 **Wasser**
4540 Frischwasser

455 – 459 frei

46 Übriger Aufwand

460 **Übriger Materialaufwand Produktion**
4600 Übriger Materialaufwand

KONTENRAHMENKMU

461   frei

462   Übriger Materialaufwand Handel
4620   Übriger Handelswarenaufwand

463   frei

464   Übriger Aufwand für Drittleistungen
4640   Übriger Aufwand für Drittleistungen

465   Aufwand für Verpackung
4650   Aufwand für Verpackung

466 – 469 frei

47   Direkte Einkaufsspesen

470   Direkte Einkaufsspesen
4700   Eingangsfrachten
4701   Einfuhrzölle
4702   Eingangsspedition

471 – 479 frei

48   Bestandesveränderungen, Material- und Warenverluste

480   Bestandesveränderungen Produktionsmaterial
4800   Bestandesveränderungen Produktionsmaterial

481   frei

482   Bestandesveränderungen Handelswaren
4820   Bestandesveränderungen Handelswaren

483 – 487 frei

488   Material- und Warenverluste
4880   Materialverluste
4886   Warenverluste

489   frei

49   Aufwandminderungen

490   Aufwandminderungen
4900   Skonti
4901   Rabatte und Preisnachlässe
4902   Umsatzrückvergütungen
4903   Einkaufsprovisionen
4904   frei
4905   frei
4906   Kursdifferenzen
4907   frei
4908   frei
4909   frei

491 – 499 frei

5   Personalaufwand

50   Personalaufwand Produktion

500   Lohnaufwand Produktion Bereich A
5000   Löhne Produktion
5001   Zulagen
5002   Erfolgsbeteiligungen
5003   Provisionen
5004   frei
5005   Leistungen von Sozialversicherungen
5006   Personalausleihung
5007   Sozialversicherungsaufwand (Bereich A)
5008   Übriger Personalaufwand (Bereich A)
5009   Arbeitsleistungen Dritter

501   Lohnaufwand Produktion Bereich B

502   Lohnaufwand Produktion Bereich C

503 – 506 frei

507   Sozialversicherungsaufwand Produktion
5070   AHV, IV, EO, ALV
5071   FAK
5072   Berufliche Vorsorge
5073   Unfallversicherung
5074   Krankentaggeldversicherung
5075 – 5078 frei
5079   Quellensteuer

508   Übriger Personalaufwand Produktion
5080   Personalbeschaffung
5081   Aus- und Weiterbildung
5082   Spesenentschädigungen effektiv
5083   Spesenentschädigungen pauschal
5084 – 5088 frei
5089   Sonstiger Personalaufwand

509   Arbeitsleistungen Dritter Produktion
5090   Temporäre Arbeitnehmer
5091   Unterakkordanten

51   frei

52   Personalaufwand Handel

520   Lohnaufwand Handel Bereich A
5200   Löhne Handel
5201   Zulagen
5202   Erfolgsbeteiligungen
5203   Provisionen
5204   frei
5205   Leistungen von Sozialversicherungen
5206   Personalausleihung
5207   Sozialversicherungsaufwand (Bereich A)
5208   Übriger Personalaufwand (Bereich A)
5209   Arbeitsleistungen Dritter

521   Lohnaufwand Handel Bereich B

522   Lohnaufwand Handel Bereich C

523 – 526 frei

527   Sozialversicherungsaufwand Handel
5270   AHV, IV, EO, ALV
5271   FAK
5272   Berufliche Vorsorge
5273   Unfallversicherung
5274   Krankentaggeldversicherung
5275 – 5278 frei
5279   Quellensteuer

528   Übriger Personalaufwand Handel
5280   Personalbeschaffung
5281   Aus- und Weiterbildung
5282   Spesenentschädigungen effektiv
5283   Spesenentschädigungen pauschal
5284 – 5288 frei
5289   Sonstiger Personalaufwand

529   Arbeitsleistungen Dritter Handel
5290   Temporäre Arbeitnehmer

53   frei

54   Personalaufwand Dienstleistungen

540   Lohnaufwand Dienstleistungen Bereich A
5400   Löhne Dienstleistungen
5401   Zulagen

   KONTENRAHMENKMU

5402 Erfolgsbeteiligungen
5403 Provisionen
5404 frei
5405 Leistungen von Sozialversicherungen
5406 Personalausleihung
5407 Sozialversicherungsaufwand (Bereich A)
5408 Übriger Personalaufwand (Bereich A)
5409 Arbeitsleistungen Dritter

541 Lohnaufwand Dienstleistungen Bereich B

542 Lohnaufwand Dienstleistungen Bereich C

543 – 546 frei

547 Sozialversicherungsaufwand Dienstleistungen
5470 AHV, IV, EO, ALV
5471 FAK
5472 Berufliche Vorsorge
5473 Unfallversicherung
5474 Krankentaggeldversicherung
5475 – 5478 frei
5479 Quellensteuer

548 Übriger Personalaufwand Dienstleistungen
5480 Personalbeschaffung
5481 Aus- und Weiterbildung
5482 Spesenentschädigung effektiv
5483 Spesenentschädigung pauschal
5484 – 5488 frei
5489 Sonstiger Personalaufwand

549 Arbeitsleistungen Dritter Dienstleistungen
5490 Temporäre Arbeitnehmer

55 frei

56 Personalaufwand Verwaltung

560 Lohnaufwand Verwaltung
5600 Löhne Verwaltung
5601 Zulagen
5602 Erfolgsbeteiligungen
5603 Saläre Geschäftsleitung
5604 Honorare Verwaltungsrat

5605   Leistungen von Sozialversicherungen
5606   Personalausleihung
5607   Sozialversicherungsaufwand (Verwaltung)
5608   Übriger Personalaufwand (Verwaltung)
5609   Arbeitsleistungen Dritter

561 – 566 frei

567   Sozialversicherungsaufwand Verwaltung
5670   AHV, IV, EO, ALV
5671   FAK
5672   Berufliche Vorsorge
5673   Unfallversicherung
5674   Krankentaggeldversicherung
5675 – 5678 frei
5679   Quellensteuer

568   Übriger Personalaufwand Verwaltung
5680   Personalbeschaffung
5681   Aus- und Weiterbildung
5682   Spesenentschädigung effektiv
5683   Spesenentschädigung pauschal
5684 – 5688 frei
5689   Sonstiger Personalaufwand

569   Arbeitsleistung Dritter Verwaltung
5690   Temporäre Arbeitnehmer

57   Sozialversicherungsaufwand

570   AHV, IV, EO, ALV
5700   AHV, IV, EO, ALV

571   FAK
5710   FAK

572   Berufliche Vorsorge
5720   Berufliche Vorsorge

573   Unfallversicherung
5730   Unfallversicherung

574   Krankentaggeldversicherung
5740   Krankentaggeldversicherung

575 – 578 frei

579   Quellensteuer
5790   Quellensteuer

58   Übriger Personalaufwand

580   Personalbeschaffung
5800   Personalinserate
5801   Personalvermittlungsprovision

581   Aus- und Weiterbildung
5810   Betriebsnotwendige Ausbildung
5811   Berufliche Weiterbildung

582   Spesenentschädigungen effektiv
5820   Reisespesen
5821   Verpflegungsspesen
5822   Übernachtungsspesen

583   Spesenentschädigungen pauschal
5830   Pauschalspesen Kader
5831   Pauschalspesen Geschäftsleitung
5832   Pauschalspesen Verwaltungsrat

584   Personalkantine
5840   Personalkantine Verpflegung
5841   Personalkantine Getränke
5845   Erträge für Essen (als Aufwandminderung)
5846   Erträge für Getränke (als Aufwandminderung)

585 – 587 frei

588   Sonstiger Personalaufwand
5880   Personalanlässe
5881   Firmensportgruppe

589   Privatanteile Personalaufwand
5890   Privatanteil an den Löhnen des Geschäftspersonals

59   Arbeitsleistungen Dritter

590   Arbeitsleistungen Dritter
5900   Temporäre Arbeitnehmer
5901   Unterakkordanten

591 – 599 frei

6 Sonstiger Betriebsaufwand

60 Raumaufwand

600 Fremdmieten Geschäftslokalitäten
6000 Mietzins Fabrik
6001 Mietzins Werkstatt, Atelier
6002 Mietzins Lager
6003 Mietzins Ausstellungs- und Verkaufsräume
6004 Mietzins Büro- und Verwaltungslokalitäten
6005 Mietzins Personalräume
6006 Mietzins Garage, Parkplatz

601 Eigenmiete Geschäftslokalitäten
6010 Mietwert Fabrik
6011 Mietwert Werkstatt, Atelier
6012 Mietwert Lager
6013 Mietwert Ausstellungs- und Verkaufsräume
6014 Mietwert Büro- und Verwaltungslokalitäten
6015 Mietwert Personalräume
6016 Mietwert Garage, Parkplatz

602 frei

603 Nebenkosten
6030 Nebenkosten Fabriklokalitäten
6031 Nebenkosten Werkstatt, Atelier
6032 Nebenkosten Lager
6033 Nebenkosten Ausstellungs- und Verkaufsräume
6034 Nebenkosten Büro- und Verwaltungslokalitäten
6035 Nebenkosten Personalräume
6036 Nebenkosten Garage
     oder
6030 Nebenkosten Heizung
6031 Nebenkosten Strom, Gas, Wasser
6032 Nebenkosten Hauswart

604 Reinigung
6040 Reinigung Fabriklokalitäten
6041 Reinigung Werkstatt, Atelier
6042 Reinigung Lager
6043 Reinigung Ausstellungs- und Verkaufsräume
6044 Reinigung Büro- und Verwaltungslokalitäten
6045 Reinigung Personalräume
     oder
6040 Reinigungspersonal
6041 Drittreinigung
6042 Reinigungsmaterial

605   Unterhalt Geschäftsräume
6050   Unterhalt Fabriklokalitäten
6051   Unterhalt Werkstatt, Atelier
6052   Unterhalt Lager
6053   Unterhalt Ausstellungs- und Verkaufsräume
6054   Unterhalt Büro- und Verwaltungslokalitäten
6055   Unterhalt Personalräume
6056   Unterhalt Garage
         oder
6050   Reparaturen
6051   Kleininvestitionen
6052   Serviceabonnemente

606   Leasing Immobilien
6060   Leasing Fabrik
6061   Leasing Werkstatt, Atelier
6062   Leasing Lager
6063   Leasing Ausstellungs- und Verkaufsräume
6064   Leasing Büro- und Verwaltungslokalitäten
6065   Leasing Personalräume
6066   Leasing Garage

607   frei

608   frei

609   Privatanteile Raumaufwand
6090   Privatanteile für Heizung, Beleuchtung, Reinigung usw.

61   Unterhalt, Reparaturen, Ersatz (URE) Leasingaufwand mobile Sachanlagen

610   Unterhalt, Reparaturen, Ersatz (URE)

610.0   URE von Produktionsanlagen
6100   URE Maschinen und Apparate Produktion
6101   URE Mobiliar und Einrichtungen
6102   URE Werkzeuge und Geräte

611.0   URE von Verkaufseinrichtungen
6110   URE Ladeneinrichtungen
6111   URE Einrichtungen Ausstellungsraum

612.0   URE von Lagereinrichtungen
6120   URE Zentrallager
6121   URE Lager in A

613.0 URE von Büroeinrichtungen
6130 URE Büromobiliar
6131 URE Büromaschinen

614.0 URE von Personaleinrichtungen
6140 URE Mobiliar Personalkantine
6141 URE Mobiliar Personalzimmer

615.0 frei

616 Leasingaufwand mobile Sachanlagen

616.0 Leasingaufwand mobile Sachanlagen
6160 Leasing von Produktionsanlagen
6161 Leasing von Verkaufseinrichtungen
6162 Leasing von Lagereinrichtungen
6163 Leasing von Büroeinrichtungen
6164 Leasing von Personaleinrichtungen

617.0 – 619.0 frei

62 Fahrzeug- und Transportaufwand

620 Fahrzeugaufwand

620.0 Reparaturen, Service und Reinigung Fahrzeuge
6200 Reparaturen, Service, Reinigung Personenwagen
6201 Reparaturen, Service, Reinigung Lieferwagen
6202 Reparaturen, Service, Reinigung Lastwagen
6203 Reparaturen, Service, Reinigung Spezialfahrzeuge
      oder
6200 Reparaturen
6201 Servicearbeiten
6202 Reinigung

621.0 Betriebsstoffe
6210 Betriebsstoffe Personenwagen
6211 Betriebsstoffe Lieferwagen
6212 Betriebsstoffe Lastwagen
6213 Betriebsstoffe Spezialfahrzeuge
      oder
6210 Benzin
6211 Diesel
6212 Öl

622.0 Versicherungen

6220	Versicherungen Personenwagen
6221	Versicherungen Lieferwagen
6222	Versicherungen Lastwagen
6223	Versicherungen Spezialfahrzeuge
	oder
6220	Haftpflichtversicherung
6221	Kaskoversicherung
6222	Rechtsschutzversicherung

623.0 Verkehrsabgaben, Beiträge, Gebühren

6230	Verkehrsabgaben Personenwagen
6231	Verkehrsabgaben Lieferwagen
6232	Schwerverkehrsabgaben
	oder
6230	Verkehrsabgaben
6231	Beiträge
6232	Gebühren

624.0 frei

625.0 frei

626.0 Fahrzeugleasing, Fahrzeugmieten

6260	Leasing Personenwagen
6261	Leasing Lieferwagen
6262	Leasing Lastwagen
6263	Leasing Spezialfahrzeuge
6264	Fahrzeugmieten

627.0 Privatanteile Fahrzeugaufwand

6270	Privatanteil am Fahrzeugaufwand

628   Transportaufwand

628.0 Frachten, Spediteur, Cargo Domizil

6280	Versandfrachten, Spediteur, Cargo Domizil
6281	Abholfrachten, Spediteur, Cargo Domizil
	oder
6280	Frachten
6281	Spediteur
6282	Cargo Domizil

629.0 frei

63 Sachversicherungen, Abgaben, Gebühren, Bewilligungen

630 Sachversicherungen

630.0 Versicherungsprämien für Elementarschäden, Glasbruch, Einbruchdiebstahl
6300 Elementarversicherung
6301 Glasbruchversicherung
6302 Einbruchdiebstahlversicherung

631.0 Versicherungsprämien für Betriebshaftpflicht und Garantie
6310 Betriebshaftpflichtversicherung
6311 Garantieversicherung
6312 Rechtsschutzversicherung

632.0 Versicherungsprämien für Betriebsunterbrechung
6320 Betriebsunterbrechungsversicherung

633.0 Kreditversicherungsprämien
6330 Todesfallrisikoversicherung
6331 Bürgschaftsprämien

634.0 frei

635.0 frei

636 Abgaben, Gebühren, Bewilligungen

636.0 Abgaben und Gebühren
6360 Abgaben
6361 Gebühren

637.0 Bewilligungen
6370 Bewilligungen
6371 Gewerbepatente

638.0 frei

639.0 frei

64   Energie- und Entsorgungsaufwand

640   Energieaufwand

640.0 Elektrizität
6400   Kraftstrom
6401   Wärmestrom
6402   Lichtstrom

641.0 Gas
6410   Erdgas
6411   Flüssiggas in Flaschen

642.0 Brennstoffe, Heizmaterial
6420   Heizöl
6421   Kohle, Briketts, Holz

643.0 Wasser
6430   Frischwasser

644.0 frei

645.0 frei

646   Entsorgungsaufwand

646.0 Entsorgung
6460   Kehrichtabfuhr
6461   Sondermüllabfuhr
6462   Abwasser

647.0 – 649.0 frei

65   Verwaltungs- und Informatikaufwand

650   Verwaltungsaufwand

650.0 Büromaterial, Drucksachen, Fotokopien, Fachliteratur
6500   Büromaterial
6501   Drucksachen
6502   Fotokopien
6503   Fachliteratur

651.0 Telefon, Telefax, Internet, Porti
6510 Telefon
6511 Telefax
6512 Internet
6513 Porti

652.0 Beiträge, Spenden, Vergabungen, Trinkgelder
6520 Beiträge
6521 Spenden, Vergabungen
6522 Trinkgelder

653.0 Buchführungs- und Beratungsaufwand
6530 Buchführungshonorare
6531 Unternehmensberatung
6532 Rechtsberatung

654.0 Verwaltungsrat, Generalversammlung, Revisionsstelle
6540 Aufwand Verwaltungsrat
6541 Aufwand Generalversammlung
6542 Aufwand Revisionsstelle

655.0 Privatanteile Verwaltungsaufwand
6550 Privatanteil für Telefon, Telefax, Porti usw.

656 Informatikaufwand

656.0 Leasing und Miete Hard- und Software
6560 Leasing Hardware
6561 Leasing Software
6562 Miete Hardware

657.0 Lizenzen und Wartung
6570 Lizenzaufwendungen/Update
6571 Wartung/Hotline Hardware
6572 Wartung/Hotline Software
6573 Disketten, CD, Tape, Verbrauchsmaterial
6574 Kleininvestitionen
6575 Standleitungsgebühren

658.0 Beratung und Entwicklung
6580 Konzeptberatung
6581 Individual-Entwicklung, individuelle Anpassungen
6582 Einführungsaufwand
     oder
6580 Entwicklung EDV-Projekt A
6581 Entwicklung EDV-Projekt B

659.0 frei

66 Werbeaufwand

660 Werbeinserate, elektronische Medien
6600 Werbeinserate
6601 Radiowerbung
6602 TV-Werbung
6603 Videotext
6604 Internet
6605 CD-ROM
oder
6600 Werbeinserate Produkt X
6601 Werbeinserate Produkt Y
6602 TV-Werbung Produkt X
6603 TV-Werbung Produkt Y
usw.

661 Werbedrucksachen, Werbematerial, Reklameartikel, Muster
6610 Werbedrucksachen, Werbematerial
6611 Reklameartikel, Muster

662 Schaufenster, Dekoration, Fachmessen, Ausstellungen
6620 Schaufenster, Dekoration
6621 Fachmessen, Ausstellungen

663 frei

664 Reisespesen, Kundenbetreuung
6640 Spesen
6641 Kundenbetreuung
6642 Kundengeschenke

665 frei

666 Werbebeiträge, Sponsoring
6660 Werbebeiträge
6661 Sponsoring

667 Öffentlichkeitsarbeit / Public Relations
6670 Kundenanlässe
6671 Medienkontakte
6672 Firmenjubiläen

668 Werbeberatung, Marktanalysen
6680 Werbeberatung
6681 Marktanalysen

669 frei

67 Übriger Betriebsaufwand

670 Wirtschaftsauskünfte, Betreibungen
6700 Wirtschaftsauskünfte
6701 Betreibungen

671 Betriebssicherheit und Bewachung
6710 Betriebssicherheit
6711 Bewachung

672 Forschung und Entwicklung
6720 Forschung Projekt A
6721 Entwicklung Projekt B

673 – 679 frei

68 Finanzerfolg

680 Finanzaufwand

680.0 Zinsaufwand aus Finanzverbindlichkeiten gegenüber Dritten
6800 Bankkreditzinsaufwand
6801 Darlehenszinsaufwand
6802 Hypothekarzinsaufwand
6803 Verzugszinsaufwand
6804 Zinsaufwand für Vorauszahlungen von Kunden

681.0 Zinsaufwand aus Finanzverbindlichkeiten gegenüber Konzerngesellschaften
6810 Zinsaufwand Kontokorrent Tochter A
6811 Zinsaufwand Darlehen Tochter B

682.0 Zinsaufwand aus Finanzverbindlichkeiten gegenüber Aktionären
6820 Zinsaufwand Kontokorrent Aktionär X
6821 Zinsaufwand Darlehen Aktionär Y

683.0 Zinsaufwand aus Finanzverbindlichkeiten gegenüber Vorsorgeeinrichtungen
6830 Zinsaufwand Darlehen Personalvorsorgestiftung

684.0 Übriger Finanzaufwand
6840 Bank-, PC-Spesen
6841 Depotgebühren
6842 Kursverluste flüssige Mittel und Wertschriften
6843 Kursverluste Finanzanlagen
6844 Kursverluste Finanzverbindlichkeiten
6845 Gewährte Kundenskonti

685 Finanzertrag

685.0 Erträge aus flüssigen Mitteln und Wertschriften
6850 Erträge aus Postcheck- und Bankguthaben
6851 Erträge aus kurzfristigen Geldanlagen
6852 Erträge aus Wertschriften kurzfristig realisierbar
6853 Erträge aus anderen kurzfristigen Anlagen
6854 Erträge aus eigenen Aktien (Umlaufvermögen)

686.0 Erträge aus Finanzanlagen
6860 Erträge aus Wertpapieren des Anlagevermögens
6861 Erträge aus anderen Finanzanlagen
6862 Erträge aus Beteiligungen
6863 Erträge aus langfristigen Forderungen gegenüber Dritten
6864 Erträge aus eigenen Aktien (Anlagevermögen)

687.0 Erträge aus Finanzanlagen bei Konzerngesellschaften
6870 Ertrag Kontokorrent Tochter A
6871 Ertrag Darlehen Tochter B

688.0 Erträge aus Finanzanlagen bei Aktionären
6880 Ertrag Kontokorrent Aktionär X
6881 Ertrag Darlehen Aktionär Y

689.0 Übriger Finanzertrag
6890 Verzugszinsertrag, Vergütungszinse
6891 Ertrag aus Vorauszahlungen
6892 Kursgewinne flüssige Mittel und Wertschriften
6893 Kursgewinne Finanzanlagen
6894 Kursgewinne Finanzverbindlichkeiten
6895 Erhaltene Lieferantenskonti

69 Abschreibungen

690 Abschreibungen auf Finanzanlagen
6900 Abschreibungen auf Wertpapieren des Anlagevermögens
6901 Abschreibungen auf anderen Finanzanlagen

691 Abschreibungen auf Beteiligungen an Konzerngesellschaften
6910 Abschreibungen auf Beteiligung an Tochter A
6911 Abschreibungen auf Darlehensforderung bei Tochter B

692 Abschreibungen auf mobilen Sachanlagen
6920 Abschreibungen auf Maschinen und Apparaten Produktion
6921 Abschreibungen auf Mobiliar und Einrichtungen
6922 Abschreibungen auf Büromaschinen und EDV-Anlagen
6923 Abschreibungen auf Fahrzeugen

693   Abschreibungen auf immobilen Sachanlagen
6930   Abschreibungen auf Geschäftsliegenschaften
6931   Abschreibungen auf Fabrikgebäude

694   Abschreibungen auf immateriellen Anlagen
6940   Abschreibungen auf Patenten, Know-how, Rezepten
6941   Abschreibungen auf Marken, Muster, Modellen, Plänen
6947   Abschreibungen auf Goodwill

695   Abschreibungen auf aktiviertem Aufwand
6950   Abschreibungen Gründungsaufwand
6951   Abschreibungen Forschungs- und Entwicklungsaufwand

696 – 699 frei

7 Betriebliche Nebenerfolge

70 Erfolg aus Nebenbetrieben

700 Erfolg Nebenbetrieb 1

700.0 Ertrag Nebenbetrieb 1
7000 Bruttoertrag
7009 Ertragsminderungen

701.0 Aufwand Nebenbetrieb 1
7010 Materialaufwand
7011 Personalaufwand
7012 Raumaufwand
7013 Unterhalt, Reparaturen, Ersatz, Leasingaufwand
7014 Fahrzeug- und Transportaufwand
7015 Sachversicherungen, Abgaben, Gebühren, Bewilligungen
7016 Energieaufwand, Entsorgungsaufwand
7017 Verwaltungs- und Informatikaufwand
7018 Werbeaufwand
7019 Übriger Aufwand

702 Erfolg Nebenbetrieb 2

702.0 Ertrag Nebenbetrieb 2
7020 Bruttoertrag
7029 Ertragsminderungen

703.0 Aufwand Nebenbetrieb 2
7030 Warenaufwand
7031 Personalaufwand
7032 Raumaufwand
7033 Unterhalt, Reparaturen, Ersatz, Leasingaufwand
7034 Fahrzeug- und Transportaufwand
7035 Sachversicherungen, Abgaben, Gebühren, Bewilligungen
7036 Energieaufwand, Entsorgungsaufwand
7037 Verwaltungs- und Informatikaufwand
7038 Werbeaufwand
7039 Übriger Aufwand

704 – 709 frei

71 – 73 frei

74   Erfolg aus Finanzanlagen

740   Ertrag aus Finanzanlagen
7400   Erträge aus flüssigen Mitteln und Wertschriften
7401   Erträge aus anderen Finanzanlagen
7402   Erträge aus Finanzanlagen bei Konzerngesellschaften
7403   Erträge aus Finanzanlagen bei Aktionären

741   Aufwand aus Finanzanlagen
7410   Bank- und PC-Spesen
7411   Depotgebühren
7412   Kursverluste aus Finanzanlagen
7413   Wertberichtigung auf Finanzanlagen

742 – 749 frei

75   Erfolg betriebliche Liegenschaften

750   Erfolg betriebliche Liegenschaft 1

750.0   Ertrag betriebliche Liegenschaft 1
7500   Eigenmietwerte Geschäftslokalitäten
7501   Eigenmietwert Privatwohnung
7502   Mietzinseinnahmen Geschäftlokalitäten
7503   Mietzinseinnahmen Wohnungen
7504   Mietzinseinnahmen Garagen

751.0   Aufwand betriebliche Liegenschaft 1
7510   Hypothekarzinsaufwand
7511   Liegenschaftsunterhalt
7512   Abgaben, Gebühren, Objektsteuern
7513   Versicherungsprämien
7514   Wasser, Abwasser
7515   Kehricht, Entsorgung
7516   Verwaltungsaufwand

752   Erfolg betriebliche Liegenschaft 2

752.0 Ertrag betriebliche Liegenschaft 2
7520   Eigenmietwerte Geschäftslokalitäten
7521   Eigenmietwert Privatlokalitäten
7522   Mietzinseinnahmen Geschäftslokalitäten
7523   Mietzinseinnahmen Wohnungen
7524   Mietzinseinnahmen Studios
7525   Mietzinseinnahmen Garagen
7526   Mietzinseinnahmen Autoabstellplätze

753.0 Aufwand betriebliche Liegenschaft 2
7530   Hypothekarzinsaufwand
7531   Liegenschaftsunterhalt
7532   Abgaben, Gebühren, Objektsteuern
7533   Versicherungsprämien
7534   Wasser, Abwasser
7535   Kehricht, Entsorgung
7536   Verwaltungsaufwand

754 – 759 frei

76 - 78 frei

79   Gewinne aus Veräusserung von betrieblichem Anlagevermögen

790   Gewinne aus Finanzanlagen
7900   Gewinne aus Wertpapieren des Anlagevermögens
7901   Gewinne aus anderen Finanzanlagen
7902   Gewinne aus Beteiligungen

791   Gewinne aus mobilen Sachanlagen
7910   Gewinne aus Verkäufen von Betriebseinrichtungen

792   Gewinne aus immobilen Sachanlagen
7920   Gewinne aus Immobilienverkäufen

793   Gewinne aus immateriellen Anlagen
7930   Gewinne aus Verkäufen von Patenten, Lizenzen usw.

794 – 799 frei

8 Ausserordentlicher und betriebsfremder Erfolg, Steuern

80 Ausserordentlicher Erfolg

800 Ausserordentlicher Ertrag
8000 Auflösung von Reserven
8001 Auflösung von nicht benötigten Rückstellungen
8002 Buchmässige Aufwertungen
8003 Ausserordentliche Währungsgewinne
8004 Ausserordentliche Gewinne aus Veräusserung von Anlagevermögen
8005 Erhaltene Subventionen
8006 Erhaltene Inkonvenienzentschädigungen

801 Ausserordentlicher Aufwand
8010 Ausserordentliche Reservenbildung
8011 Ausserordentliche Rückstellungen
8012 Ausserordentliche Abschreibungen
8013 Ausserordentliche Währungsverluste
8014 Ausserordentliche Verluste aus Veräusserung von Anlagevermögen
8015 Ausserordentliche Debitorenverluste
8016 Inkonvenienzzahlungen

802 – 809 frei

81 frei

82 Betriebsfremder Erfolg

820 Erfolg betriebsfremde Unternehmensteile

820.0 Erfolg betriebsfremder Unternehmensteil 1

820.00 Ertrag betriebsfremder Unternehmensteil 1
8200 Bruttoertrag
8209 Ertragsminderungen

821.00 Aufwand betriebsfremder Unternehmensteil 1
8210 Materialaufwand
8211 Personalaufwand
8212 Raumaufwand
8213 Unterhalt, Reparaturen, Ersatz, Leasingaufwand
8214 Fahrzeug- und Transportaufwand
8215 Sachversicherungen, Abgaben, Gebühren, Bewilligungen

8216   Energie- und Entsorgungsaufwand
8217   Verwaltungs- und Informatikaufwand
8218   Werbeaufwand
8219   Übriger Aufwand

822.0 Erfolg betriebsfremder Unternehmensteil 2

822.00 Ertrag betriebsfremder Unternehmensteil 2
8220   Bruttoertrag
8229   Ertragsminderungen

823.00 Aufwand betriebsfremder Unternehmensteil 2
8230   Warenaufwand
8231   Personalaufwand
8232   Raumaufwand
8233   Unterhalt, Reparaturen, Ersatz, Leasingaufwand
8234   Fahrzeug- und Transportaufwand
8235   Sachversicherungen, Abgaben, Gebühren, Bewilligungen
8236   Energie- und Entsorgungsaufwand
8237   Verwaltungs- und Informatikaufwand
8238   Werbeaufwand
8239   Übriger Aufwand

824 – 839 frei

840   Erfolg betriebsfremde Finanzanlagen

840.0 Ertrag betriebsfremde Finanzanlagen
8400   Erträge aus flüssigen Mitteln und Wertschriften
8401   Erträge aus anderen betriebsfremden Finanzanlagen

841.0 Aufwand betriebsfremde Finanzanlagen
8410   Bank- und PC-Spesen
8411   Depotgebühren
8412   Kursverluste auf betriebsfremden Finanzanlagen
8413   Wertberichtigung auf betriebsfremden Finanzanlagen

842 – 849 frei

850   Erfolg betriebsfremde Liegenschaften

850.0 Erfolg betriebsfremde Liegenschaft 1

850.00 Ertrag betriebsfremde Liegenschaft 1
8500   Mietzinsertrag Geschäftslokalitäten
8501   Mietzinsertrag Wohnungen
8502   Mietzinsertrag Garagen
8503   Eigenmietwert

KONTENRAHMENKMU

851.00 Aufwand betriebsfremde Liegenschaft 1
8510 Hypothekarzinsaufwand
8511 Liegenschaftsunterhalt
8512 Abgaben, Gebühren, Objektsteuern
8513 Versicherungsprämien
8514 Wasser, Abwasser
8515 Kehricht, Entsorgung
8516 Verwaltungsaufwand

852.0 Erfolg betriebsfremde Liegenschaft 2

852.00 Ertrag betriebsfremde Liegenschaft 2
8520 Mietzinsertrag Geschäftslokalitäten
8521 Mietzinsertrag Wohnungen
8522 Mietzinsertrag Studios
8523 Mietzinsertrag Zimmervermietung
8524 Mietzinsertrag Garagen
8525 Mietzinsertrag Autoabstellplätze

853.00 Aufwand betriebsfremde Liegenschaft 2
8530 Hypothekarzinsaufwand
8531 Liegenschaftsunterhalt
8532 Abgaben, Gebühren, Objektsteuern
8533 Versicherungsprämien
8534 Wasser, Abwasser
8535 Kehricht, Entsorgung
8536 Verwaltungsaufwand

854 – 869 frei

870   Sonstiger betriebsfremder Erfolg

870.0 Sonstiger betriebsfremder Ertrag
8700 Honorare für Expertisen, Referate, Publizistik
8701 Sitzungsgelder

871.0 Sonstiger betriebsfremder Aufwand
8710 Aufwand für betriebsfremde Tätigkeiten

872 – 879 frei

88   Minderheitsanteile am Ergebnis

KONTENRAHMENKMU

89 Steuern

890 Direkte Steuern des Unternehmens
8900 Gewinnsteuern
8901 Kapitalsteuern
8902 Periodenfremde Steuern
oder
8900 Kantons- und Gemeindesteuern
8901 Direkte Bundessteuern

891 – 899 frei

9 Abschluss

90 Erfolgsrechnung

900 Erfolgsrechnung

9000 Erfolgsrechnung

91 Bilanz

910 Bilanz

9100 Eröffnungsbilanz
9101 Schlussbilanz

92 Gewinnverwendung

920 Hilfskonten Gewinnverwendung

9200 Gewinnanteil Gesellschafter X
9201 Gewinnanteil Gesellschafter Y

93 – 98 frei

99 Sammel- und Fehlbuchungen

990 Sammelbuchungen
9900 Sammelbuchungen Debitoren
9901 Sammelbuchungen Kreditoren

991 Fehlbuchungen
9910 Fehlerkonto

Angaben zum Anhang

(für Aktiengesellschaften) gemäss OR Art. 663 b

Ziff.

1 **Bürgschaften, Garantieverpflichtungen und Pfandbestellungen zugunsten Dritter**

2 **Belastungen eigener Aktiven zur Absicherung von Forderungen gegenüber der Gesellschaft**

3 **Nicht bilanzierte Leasingverbindlichkeiten**

4 **Brandversicherungswerte der Sachanlagen**

5 **Verbindlichkeiten gegenüber Vorsorgeeinrichtungen**

6 **Beträge, Zinssätze und Fälligkeiten der von der Gesellschaft ausgegebenen Anleihensobligationen**

7 **Jede Beteiligung, die für die Beurteilung der Vermögens- und Ertragslage der Gesellschaft wesentlich ist**

8 **Angaben über die Auflösung stiller Reserven**

9 **Angaben über Aufwertungen**

10 **Angaben über eigene Aktien**

11 **Angaben über Kapitalerhöhungen**

12 **Andere vom Gesetz vorgeschriebene Angaben**
Zum Beispiel Abweichungen von den Grundsätzen ordnungsmässiger Rechnungslegung oder allgemein gültiger Bewertungsregeln.

Kommentar zum Kontenrahmen KMU

Kommentar zu den Kontenklassen, Kontenhauptgruppen, Kontengruppen, Kontenuntergruppen, Sammelkonten und – soweit nötig – zu einzelnen Konten.

Kommentar zu den Bilanzkonten

Die Bilanz (OR 662 Abs. 2 und 663a)

Es ist, vereinfacht betrachtet, die auf einen bestimmten Stichtag erstellte Gegenüberstellung aller **Aktiven** und **Passiven** eines Unternehmens. Die Aktivseite umfasst alle Vermögenswerte, die Passivseite besteht aus dem Fremdkapital (Schulden) und dem Eigenkapital als Differenz zwischen den Aktiven und dem Fremdkapital. Die **Aktivseite** der Bilanz zeigt die Investitionen oder Mittelverwendung, die **Passivseite** die Finanzierung oder Mittelherkunft. Die Bilanz kann in Konto- oder Staffelform dargestellt werden. Durch den Einsatz der elektronischen Datenverarbeitung überwiegt heute in der Praxis die Staffelform.

1   Aktiven (OR 663a Abs. 2 und 4)

Es sind die Vermögenswerte des Unternehmens.
Die **Gliederung** erfolgt nach dem Grundsatz der **Liquidität** oder **Flüssigkeit,** gegliedert in Umlaufvermögen und Anlagevermögen. Ein weiteres Ordnungsprinzip ist die **Wesentlichkeit,** das heisst z.B. bei den Betriebseinrichtungen, dass die Maschinen und Apparate in der Bilanz wegen ihrer Bedeutung vor den Werkzeugen und Geräten erscheinen, obgleich die letzteren die kürzere Nutzungsdauer aufweisen, damit schneller wieder zu Geld werden, und somit nach dem Grundsatz der Flüssigkeit eigentlich vor den Maschinen aufzuführen wären.

Die Aktiven werden in folgende *Hauptgruppen* und *Gruppen* unterteilt:

10   Umlaufvermögen
100   Flüssige Mittel und Wertschriften
110   Forderungen
120   Vorräte und angefangene Arbeiten
130   Aktive Rechnungsabgrenzung

14 Anlagevermögen
140 Finanzanlagen
150 Mobile Sachanlagen
160 Immobile Sachanlagen
170 Immaterielle Anlagen

18 Aktivierter Aufwand und aktive Berichtigungsposten
180 Aktivierter Aufwand und aktive Berichtigungsposten

19 Betriebsfremdes Vermögen
190 Betriebsfremdes Vermögen

10 Umlaufvermögen

Enthält diejenigen Vermögenswerte, die sich in der Regel innert Jahresfrist umsetzen, d.h. wieder zu Geld werden.

Das Umlaufvermögen wird aufgeteilt in die *Gruppen*

100 Flüssige Mittel und Wertschriften
110 Forderungen
120 Vorräte und angefangene Arbeiten
130 Aktive Rechnungsabgrenzung

100 Flüssige Mittel und Wertschriften

Sie werden aufgeteilt in die *Untergruppen*

     100.0 Kasse
     101.0 Postcheckguthaben
     102.0 Bankguthaben
     104.0 Checks, Besitzwechsel
     105.0 Kurzfristige Geldanlagen
     106.0 Wertschriften kurzfristig realisierbar
     107.0 Andere kurzfristige Anlagen
     108.0 Eigene Aktien
     109.0 Transferkonto

100.0 Kasse
Dazu gehören alle Bestände an Bargeld in Banknoten und Münzen z.B. in der Hauptkasse, Filialkassen, Nebenkassen, Spesenkasse, Portokasse usw. Aber auch Postwertzeichen, Gebührenmarken usw. Auch Fremdwährungen in Münzen und Noten sind hier zu erfassen, wobei für jede Fremdwährung ein separates Konto zu führen ist. Dabei ist zu beachten, dass Fremdwährungen in der Landeswährung zu bilanzieren sind (OR 960 Abs.1).
Die Umrechnung erfolgt zum Tagesgeldkurs am Bilanzstichtag.

1009 Wertberichtigung Fremdwährung
Falls die Wertberichtigung nicht direkt auf dem Konto «Fremdwährung» vorgenommen wird, ist auf dem Konto 1009 der Betrag der Wertberichtigung auf den Bilanzstichtag auszuweisen.

101.0 Postcheckguthaben
Dazu gehören alle Postcheckkonti des Unternehmens, z.B. Postcheck Hauptbetrieb, Postcheck Filiale in A, Postcheck Zweigstelle in B usw. Weist der Postcheck einen Negativsaldo zugunsten des Postcheckamtes aus, so ist er unter den Passiven auszuweisen (Konto 2110).

102.0 Bankguthaben
Dazu gehören alle Arten von Bankkonti, die am Bilanzstichtag ein Guthaben zugunsten des Unternehmens ausweisen z.B. Kontokorrent Hauptbetrieb, Kontokorrent Nebenbetrieb, Spar- und Anlagenkonti aller Art usw. Weist das Bankkonto am Bilanzstichtag einen Negativsaldo zugunsten der Bank aus, so erfolgt der Ausweis unter den Passiven (Konto 2100).
Bei Fremdwährungskonti ist zu beachten, dass der Saldo in Landeswährung zu bilanzieren ist (OR 960 Abs. 1).
Die Umrechnung erfolgt zum Tagesgeldkurs am Bilanzstichtag.

1029 Wertberichtigung Fremdwährungskonten
Falls die Wertberichtigung nicht direkt auf dem «Fremdwährungskonto» vorgenommen wird, ist auf dem Konto 1029 der Betrag der Wertberichtigung auf den Bilanzstichtag auszuweisen.

104.0 Checks, Besitzwechsel
Dazu gehören nur diskontfähige Papiere. In Fremdwährung ausgestellte Checks und Besitzwechsel sind auf den Bilanzstichtag in Landeswährung umzurechnen (OR 960 Abs. 1).

1049 Wertberichtigung Besitzwechsel
Falls die Wertberichtigung nicht direkt auf dem Konto «Besitzwechsel» vorgenommen wird, ist auf dem Konto 1049 der Betrag der Wertberichtigung auf den Bilanzstichtag auszuweisen.

105.0 Kurzfristige Geldanlagen
Dazu gehören Festgeldanlagen, Treuhandanlagen, Geldmarktpapiere usw. mit einer Laufzeit von weniger als 12 Monaten. Kurzfristige Geldanlagen in Fremdwährung sind auf den Bilanzstichtag in Landeswährung umzurechnen (OR 960 Abs. 1). Die Umrechnung erfolgt zum Tagesgeldkurs am Bilanzstichtag.

1059 Wertberichtigung kurzfristige Geldanlagen
(siehe Konto 1009, 1029, 1049)

106.0 Wertschriften kurzfristig realisierbar
Darunter sind börsengängige, kotierte Wertschriften und Wertrechte zu verstehen, die kurzfristig verwertbar sind.

KONTENRAHMENKMU ▰▰▰▰▰▰▰▰▰▰▰▰

Dazu gehören Aktien, Partizipationsscheine, Anteilscheine von Anlage-fonds, Genussscheine, Obligationen, Optionen usw.

Wertschriften mit Kurswert dürfen gemäss OR 667 höchstens zum Durchschnittskurs des letzten Monats vor dem Bilanzstichtag bewertet werden.

Liegt dieser Wert über den Anschaffungskosten, so ist eine Aufwertung möglich aber nicht zwingend. Die Aufwertung ist als Teil des Reinge-winnes zu versteuern.

Liegt der Durchschnittskurs des letzten Monats vor dem Bilanzstichtag unter den Anschaffungskosten, so ist eine Wertberichtigung zwingend vorzunehmen (OR 669).

Wertschriften ohne Kurswert dürfen höchstens zu den Anschaf-fungskosten bewertet werden, unter Abzug der notwendigen Wertbe-richtigungen (OR 669).

1069 Wertberichtigung Wertschriften kurzfristig realisierbar

Falls die Wertberichtigung nicht direkt auf dem Wertschriftenkonto ver-bucht wird, ist auf dem Konto 1069 der Betrag der Wertberichtigung auf den Bilanzstichtag auszuweisen.

107.0 Andere kurzfristige Anlagen

Dazu gehören derivative Finanzinstrumente. Vergleiche hiezu FER Nr. 10 «Ausserbilanzgeschäfte».

1079 Wertberichtigung übrige kurzfristige Anlagen

siehe vorstehende Bemerkungen betr. Wertberichtigung (Konto 1069).

108.0 Eigene Aktien

Darunter sind eigene Aktien zu erfassen, die das Unternehmen nur vor-übergehend im Portefeuille hält, um sie innert Jahresfrist wieder zu ver-kaufen.

Werden eigene Aktien länger als 12 Monate im Eigentum gehalten, so gehören sie auf das Konto 1490.

Nach revidiertem Aktienrecht (OR 659 Abs. 1) ist es den Aktiengesell-schaften erlaubt, eigene Aktien im Umfange bis zu zehn Prozent des Aktienkapitals zu erwerben, sofern frei verwendbares Eigenkapital in der Höhe der dafür nötigen Mittel vorhanden ist. Werden im Zusam-menhang mit einer Übertragungsbeschränkung Namenaktien erwor-ben, so beträgt die Höchstgrenze der eigenen Aktien zwanzig Prozent. Die über zehn Prozent des Aktienkapitals hinaus erworbenen eigenen Aktien sind innert zweier Jahre zu veräussern oder durch Kapitalherab-setzung zu vernichten (OR 659 Abs. 2).

Die Gesellschaft hat für die eigenen Aktien einen dem Anschaffungs-wert entsprechenden Betrag gesondert als Reserve auszuweisen auf Konto 2901 (OR 659a Abs. 2) und Angaben über Erwerb, Veräusserung und Anzahl der von ihr gehaltenen eigenen Aktien in den Anhang auf-zunehmen (OR 663b Ziffer 10).

109.0 Transferkonto

Das Geldtransferkonto dient der Abwicklung von direkten Geldtrans-aktionen Kasse–Postcheck–Bank.

110 Forderungen

Die Forderungen werden unterteilt in

- Forderungen aus Lieferungen und Leistungen
- Andere kurzfristige Forderungen

110.0 Forderungen aus Lieferungen und Leistungen

Hier werden diejenigen Forderungen ausgewiesen, die aus der Haupttätigkeit des Unternehmens resultieren. Das Konto steht damit im Zusammenhang mit der Kontenklasse 3 «Betriebsertrag aus Lieferungen und Leistungen».

Das neue Aktienrecht ersetzt den Begriff **«Debitoren»** durch **«Forderungen»**.

Die Forderungen sind grundsätzlich zum Nennwert unter Abzug der zu erwartenden Skonti und Rabatte zu erfassen.

Wertberichtigungen für gefährdete Forderungen (Delkredere) sind auf dem Konto «Wertberichtigung» auszuweisen. Dieses Konto trägt als Endziffer immer die 9, z.B. 1109, 1119, 1129.

Die Höhe der Wertberichtigung richtet sich nach dem Grad der Gefährdung.

Die Steuerbehörde lässt pauschale Wertberichtigungen (Delkredere) ohne Nachweis zu:

Auf Inlandguthaben	5 Prozent
Auf Auslandguthaben in Landeswährung	10 Prozent
Auf Auslandguthaben in Fremdwährung	15 Prozent

Höhere Wertberichtigungen sind zulässig, wenn sie für den ganzen Betrag begründet sind.

Guthaben in Fremdwährung sind zum Geldkurs am Bilanzstichtag umzurechnen.

110.00 Forderungen aus Leistung gegenüber Dritten
Die Forderungen können z.B. unterteilt werden nach

1100   Forderungen Schweiz

1101   Forderungen Ausland

111.00 Forderungen aus Leistung gegenüber Konzerngesellschaften
Gemäss revidiertem Aktienrecht (OR 663a Abs. 4) sind Forderungen gegenüber anderen Gesellschaften des Konzerns (OR 663e) gesondert anzugeben.

112.00 Forderungen aus Leistung gegenüber Aktionären
Gemäss revidiertem Aktienrecht (OR 663a Abs. 4) sind Forderungen gegenüber Aktionären, die eine Beteiligung von mindestens 20 Prozent der Stimmen an der Gesellschaft halten (OR 665a), gesondert auszuweisen.

114.0 Andere kurzfristige Forderungen

Darunter gehören alle Forderungen, die nicht direkt mit der Leistungserstellung des Unternehmens zusammenhängen und in weniger als 12 Monaten fällig werden.

Wertberichtigungen auf anderen kurzfristigen Forderungen werden, falls die Forderung zum Nominalwert ausgewiesen ist, in der Höhe des gefährdeten Betrages auf dem Wertberichtigungskonto 1149, 1159, 1169 usw. verbucht.

114.00 Andere kurzfristige Forderungen gegenüber Dritten
z.B. Kurzfristige Vorschüsse und Darlehensforderungen.

115.00 Andere kurzfristige Forderungen gegenüber Konzerngesellschaften (siehe 111.00).

116.00 Andere kurzfristige Forderungen gegenüber Aktionären
(siehe 112.00).

117.00 Forderungen gegenüber staatlichen Stellen

1170   Vorsteuer auf Materialaufwand und Dienstleistungen
Auf dieses Konto werden somit vor allem die Vorsteuern aus der Kontenklasse 4 «Aufwand für Material, Waren und Drittleistungen» gebucht.*

1171   Vorsteuer auf Investitionen und übrigem Betriebsaufwand
Auf dieses Konto werden somit vor allem die Vorsteuern aus den Kontenklassen 1 «Aktiven» und 6 «Sonstiger Betriebsaufwand» gebucht.*

 *   Detaillierte Hinweise bezüglich der Auswirkungen der **Mehrwertsteuer** auf Buchführung und Kontenplan siehe Ausführungen unter dem Kapitel «Hinweise für den Benutzer».

1176   Guthaben Verrechnungssteuer
Gemäss Merkblatt «Verbuchung der verrechnungssteuerbelasteten Einkünfte als Ertrag bei doppelter Buchhaltung», herausgegeben von der Eidgenössischen Steuerverwaltung, Abteilung Stempelabgaben und Verrechnungssteuer, sind die verrechnungssteuerbelasteten Erträge mit dem Bruttobetrag (vor Abzug der Verrechnungssteuer) auf dem Ertragskonto (z.B. Konto 6860) zu verbuchen. Der Betrag der abgezogenen Verrechnungssteuer von 35 Prozent ist dem Konto 1176 Guthaben Verrechnungssteuer zu belasten, dem andererseits auch die zurückerhaltenen Verrechnungssteuerbeträge bei Eingang gutzuschreiben sind:

Beispiel: Zinsertrag auf Obligation Fr. 100.–

Buchung		Konto
Zinsertrag auf Obligation brutto	Fr. 100.–	**6860** Haben
Verrechnungssteuerguthaben 35%	Fr. 35.–	**1176** Soll
Zinsertrag netto	Fr. 65.–	**1020** Soll

Diese Weisungen von der ESTV gelten in erster Linie für juristische Personen, welche ihre Verrechnungssteuerguthaben direkt beim Bund zurückzufordern haben.

118.00 Nichteinbezahltes Aktienkapital

Hier ist das eingeforderte, aber von den Aktionären noch nicht einbezahlte Aktienkapital zu erfassen (vergleiche Kommentar zu Kontengruppe 185.00).

119.00 Übrige kurzfristige Forderungen

Dazu gehören z.B. WIR-Guthaben (wenn passiv auf Konto 2111), Barkautionen, nicht diskontfähige Besitzwechsel, Prämien-Kontokorrente sowie Vorauszahlungen an Lieferanten, wobei die Vorauszahlungen für Material- und Warenlieferungen auf den dafür vorgesehenen Konten 1208, 1218 usw. zu erfassen sind.

1199 Wertberichtigung übrige kurzfristige Forderungen
Falls die notwendigen Korrekturen nicht direkt auf den betreffenden Konten vorgenommen wurden, so sind sie auf dem Konto 1199 mit dem Betrag der Wertberichtigung auf den Bilanzstichtag auszuweisen.

120 Vorräte und angefangene Arbeiten

Die *Gruppe* wird unterteilt in folgende *Untergruppen*:

120.0 Vorräte Handelswaren
121.0 Vorräte Rohstoffe
122.0 Vorräte Werkstoffe
123.0 Vorräte Hilfs- und Verbrauchsmaterial
124.0 Pflichtlager
125.0 Waren in Konsignation
126.0 Fertigfabrikate
127.0 Halbfabrikate
128.0 Angefangene Arbeiten

Kleine Betriebe können sich auf zwei Konten beschränken

1200 Vorräte
1280 Angefangene Arbeiten

Nach OR 666 dürfen Rohmaterialien, teilweise oder ganz fertiggestellte Erzeugnisse sowie Waren höchstens zu den Anschaffungs- oder den Herstellungskosten bewertet werden.

Sind diese Kosten höher als der am Bilanzstichtag allgemein geltende Marktpreis, so ist dieser massgebend (Niederstwertprinzip).

Die Steuerbehörde verlangt die wert- und mengenmässig vollständige Aufnahme sämtlicher Vorräte, und zwar zu den Anschaffungs- oder Herstellungskosten oder, wenn der ortsübliche Marktwert geringer ist, zum tieferen Marktwert.

Als Unterbewertung lässt die ESTV in der Regel eine **Warenreserve** von 33⅓ Prozent zu (auf obligatorischen Pflichtlagern bis zu 50 Prozent des Basiswertes = Vorkriegswert, auf freiwilligen Pflichtlagern bis zu 80 Prozent der Anschaffungs- oder Herstellungskosten bzw. des allenfalls niedrigeren Marktwertes), wobei kantonal unterschiedliche Regelungen gelten.

Die Warenreserve wird als Wertberichtigung in der betreffenden Kontengruppe auf dem Konto mit der Endziffer 9 ausgewiesen (z.B. 1209, 1219, 1229 usw.).

Anzahlungen für Vorräte werden in der betreffenden Kontengruppe auf dem Konto mit der Endziffer 8 ausgewiesen (z.B. 1208, 1218, 1228 usw.).

120.0 Vorräte Handelswaren
Es sind Waren, die in unverändertem Zustand verkauft werden.

121.0 Vorräte Rohstoffe
Es sind Rohmaterialien, die bei der Herstellung in das Produkt eingehen.

122.0 Vorräte Werkstoffe
Darunter sind Waren- oder Produktebestandteile zu verstehen, welche bei der Verarbeitung in die Ware oder das Produkt eingehen.

123.0 Vorräte Hilfs- und Verbrauchsmaterial
Es handelt sich um Materialien, die bei der Herstellung oder beim Verkauf des Produktes verbraucht werden, ohne dass sie in dieses eingehen (z.B. Schmier- und Schleifmittel, Folien, Verpackungsmaterialien usw.).

124.0 Pflichtlager
Es sind Vorräte, die aufgrund staatlicher Vorsorgemassnahmen z.B. zur Kriegsvorsorge gehalten werden (Treibstoffe, Heizöl, Mehl, Zucker usw.). Für obligatorische Pflichtlager, die durch einen Vertrag mit dem Eidgenössischen Volkswirtschaftsdepartement (vertreten durch das Bundesamt für wirtschaftliche Landesversorgung) gebunden sind, lässt die Steuerbehörde eine **Unterbewertung** bis zu 50 Prozent des Basiswertes (Vorkriegswert) ohne besonderen Risikonachweis zu; bei freiwilligen Pflichtlagern sogar bis zu 80 Prozent der Anschaffungs- oder Herstellungskosten bzw. des allenfalls niedrigeren Marktwertes.

125.0 Waren in Konsignation
Es handelt sich um Waren, die einem Konsignator (Kommissionär) zum Verkauf übertragen wurden. Das separate Konto dient der besseren Kontrolle der ausgelagerten Waren.

126.0 Fertigfabrikate
Es ist der Bestand an selbsthergestellten, ganz fertiggestellten Erzeugnissen der Produktion.

127.0 Halbfabrikate

Es ist der Bestand an teilweise fertiggestellten Erzeugnissen der Produktion.

128.0 Angefangene Arbeiten

Es handelt sich um begonnene Arbeiten an einer Leistung oder einem Auftrag (z.B. Bauarbeiten, Dienstleistungen usw.).

Die Bewertung der Fertig- und Halbfabrikate sowie der angefangenen Arbeiten darf nach OR 666 höchstens zu den **Herstellungskosten** erfolgen.

Ist der **Marktwert** am Bilanzstichtag tiefer als die Herstellungs- oder Anschaffungskosten, so gilt der tiefere Marktwert als Bewertungsgrundlage (Niederstwertprinzip).

130 Aktive Rechnungsabgrenzung

130.0 Aktive Rechnungsabgrenzung

Dieser Begriff ersetzt denjenigen der **transitorischen Aktiven.**

1300 Vorausbezahlte Aufwendungen
Es handelt sich um Aufwand, welcher bereits das neue Geschäftsjahr betrifft, der aber noch im alten Jahr geleistet wurde (Aufwandvortrag).

1301 Noch nicht erhaltene Erträge
Es handelt sich um Erträge, welche noch das alte Geschäftsjahr betreffen, die aber erst im neuen Jahr eingehen werden (Ertragsnachtrag).

Kleinere Betriebe können sich auf ein Konto beschränken:
1300 Aktive Rechnungsabgrenzung

14 Anlagevermögen

Es handelt sich um Anlagen, die dem Unternehmen auf Dauer zur Verfügung stehen. Die Abgrenzung zum Umlaufvermögen kann aus praktischer Sicht meist bei einer Anlagedauer von 12 Monaten gezogen werden. Damit gehören Vermögensgegenstände, die dem Betrieb weniger lang als 12 Monate dienen, in der Regel zum Umlaufvermögen; Gegenstände mit einer längeren Betriebsdauer als 12 Monate somit meistens zum Anlagevermögen.

Das Anlagevermögen wird aufgeteilt in die *Gruppen*

140 Finanzanlagen
150 Mobile Sachanlagen
160 Immobile Sachanlagen
170 Immaterielle Anlagen

140   Finanzanlagen

Es sind langfristige Anlagen von liquiden Mitteln in fremden Unternehmungen oder Investitionsprojekten.

Die Finanzanlagen werden in folgende *Untergruppen* aufgeteilt:

> 140.0 Wertpapiere des Anlagevermögens
> 141.0 Andere Finanzanlagen
> 142.0 Beteiligungen
> 144.0 Langfristige Forderungen gegenüber Dritten
> 145.0 Langfristige Forderungen gegenüber Konzerngesellschaften
> 146.0 Langfristige Forderungen gegenüber Aktionären
> 149.0 Eigene Aktien

Börsengängige Wertpapiere und Wertrechte, die jederzeit verkäuflich sind, gehören zum Umlaufvermögen. Sie können im Bedarfsfall als Zahlungsmittel eingesetzt werden, was bei der Beurteilung der Liquidität eines Unternehmens von Bedeutung ist. Betreffend Bewertung vergleiche Kommentar zu Konto 106.

Nicht börsengängige Wertpapiere und schwerverkäufliche Wertrechte dagegen zählen zum Anlagevermögen.

Gemäss OR 667 Abs. 2 dürfen Wertschriften ohne Kurswert höchstens zu den Anschaffungskosten bewertet werden, unter Abzug der notwendigen Wertberichtigungen.

Eine Wertberichtigung ist dann vorzunehmen, wenn der Marktwert eines Titels unter dessen Anschaffungswert (Bilanzwert) sinkt.

Die Wertberichtigung kann auf dem betreffenden Anlagenkonto direkt vorgenommen oder auf einem besonderen **Wertberichtigungskonto** mit der Endziffer 9 (1409, 1419, 1429 usw.) ausgewiesen werden.

140.0   Wertpapiere des Anlagevermögens

Dazu zählen Aktien, Partizipationsscheine, Anteilscheine von Genossenschaften, Obligationen, Kassenscheine usw., welche als langfristige Kapitalanlage gehalten werden.

141.0   Andere Finanzanlagen

Dazu zählen z.B. verschiedene Formen von Anlagekonten.

1411   Sperrkonto Arbeitsbeschaffungsreserve
Die Arbeitsbeschaffungsreserven (ABR) tragen dazu bei, die gesamtwirtschaftlichen Schwankungen der Investitionen auszugleichen. Die Steuerbegünstigung sowie die Verzinsung der ABR sollen die Unternehmen dazu anhalten, in Zeiten guter Konjunktur und Ertragslage nicht dringliche Investitionen auf einen späteren Zeitpunkt zu verschieben. Mit der Verwendung der Reserven in wirtschaftlich schwierigen Zeiten helfen die Unternehmen, Arbeitsplätze zu sichern.

ABR werden aus dem Gewinn des Unternehmens gebildet und sind Bestandteil des Eigenkapitals. Im Gegensatz zu den obligationenrechtlichen Reserven müssen die ABR in liquider Form gehalten werden, d.h. sie sind auf ein Sperrkonto bei einer Bank oder bei der Eidgenossenschaft zu überweisen.

Die Einlagen werden zu marktüblichen Sätzen verzinst und steuerlich begünstigt. Bei drohenden oder bereits eingetretenen wirtschaftlichen Schwierigkeiten werden die Reserven zur Durchführung von Massnahmen freigegeben, welche die Beschäftigung fördern oder die wirtschaftliche Leistungsfähigkeit des Unternehmens stärken.

Die Verbuchung der Bildung von ABR löst in der Buchhaltung zwei Buchungsvorgänge aus:

Die Reservezuweisung aus dem Reingewinn:
9200 Gewinnverwendung an   2914 Arbeitsbeschaffungsreserve

Die Einzahlung der ABR auf das Sperrkonto:
1411 Sperrkonto ABR an   1020 Bank (z.B.)

142.0 Beteiligungen

Nach OR 665a sind Beteiligungen Anteile am Kapital anderer Unternehmungen, die mit der Absicht dauernder Anlage gehalten werden und einen massgeblichen Einfluss vermitteln.

Laut Gesetz gelten stimmberechtigte Anteile von mindestens 20 Prozent als Beteiligung.

144.0 Langfristige Forderungen gegenüber Dritten

Dazu zählen gewährte Darlehen und Aktivhypotheken an Dritte.

145.0 Langfristige Forderungen gegenüber Konzerngesellschaften

Gemäss revidiertem Aktienrecht (OR 663a Abs. 4) sind Forderungen gegenüber anderen Gesellschaften des Konzerns (OR 663e) gesondert anzugeben.

146.0 Langfristige Forderungen gegenüber Aktionären

Gemäss revidiertem Aktienrecht (OR 663a Abs. 4) sind Forderungen gegenüber Aktionären, die eine Beteiligung von mindestens 20 Prozent an der Gesellschaft halten (OR 665a), gesondert auszuweisen.

149.0 Eigene Aktien

Kommentar siehe Gruppe 108.0.

Auf Konto 1490 sind somit diejenigen eigenen Aktien zu erfassen, die auf längere Sicht, d.h. länger als 12 Monate gehalten werden.

150 Mobile Sachanlagen

Es handelt sich um die mobilen technischen Einrichtungen, die der Leistungserstellung dienen.

Die mobilen Sachanlagen werden in folgende *Untergruppen* aufgeteilt:

> 150.0 Maschinen und Apparate Produktion
> 151.0 Mobiliar und Einrichtungen
> 152.0 Büromaschinen, EDV-Anlagen, Kommunikationssysteme
> 153.0 Fahrzeuge
> 154.0 Werkzeuge und Geräte
> 155.0 Lagereinrichtungen
> 157.0 Feste Einrichtungen und Installationen
> 159.0 Übrige mobile Sachanlagen

Bei den Gliederungskriterien wurde die Wesentlichkeit über das Prinzip der Flüssigkeit (Liquidität) gestellt.

Bei der Gruppierung wurde darauf geachtet, dass die steuerlichen Abschreibungssätze pro Kontengruppe einheitlich sind.

Dies ermöglicht es kleineren Betrieben, die Kontenuntergruppen als Konten zu verwenden, durch anhängen einer zusätzlichen Null als vierte Stelle. Z.B.:

> 1500 Maschinen und Apparate Produktion
> 1510 Mobiliar und Einrichtungen usw.

Für geleistete **Anzahlungen für mobile Sachanlagen** können pro Kontengruppe jeweils die Konten mit der Endziffer 8 benützt werden (z.B. 1508, 1518, 1528 usw.), falls die Anzahlung nicht direkt auf das betreffende Anlagekonto gebucht wird.

Bei den KMU wird mehrheitlich die **direkte Abschreibungsmethode** praktiziert. Dabei werden die Abschreibungen direkt auf das entsprechende Anlagekonto als Wertverminderung des betreffenden Rechnungsjahres gebucht. Das Konto weist als Saldo am Bilanzstichtag den um die Abschreibung verminderten Buchwert aus.

Bei der **indirekten Abschreibungsmethode** ist das Konto Wertberichtigung zu benützen. Dieses Konto wird pro Kontengruppe geführt und trägt immer die Endziffer 9 (z.B. 1509, 1519, 1529 usw.).

Bei der indirekten Abschreibungsmethode werden auf dem Anlagekonto die Anschaffungskosten ausgewiesen, und das **Wertberichtigungskonto** zeigt den Totalbetrag der am Bilanzstichtag vorgenommenen Abschreibungen als Wertberichtigung.

Beispiel der indirekten Abschreibungsmethode für Konto 1500 «Maschinen und Apparate»

Konto	Fr.	Fr.
1500 Maschinen und Apparate (Anschaffungswert)	120 000.–	
1509 Wertberichtigung Maschinen und Apparate	80 000.–	
Bilanzwert (Buchwert)		40 000.–

Die Höhe der Abschreibung richtet sich nach der Nutzungsdauer des Anlagegegenstandes, d.h. je länger die Nutzungsdauer, desto tiefer der Abschreibungssatz. Um betriebswirtschaftlich korrekt abzuschreiben, müsste somit die Nutzungsdauer jedes Anlagegegenstandes einzeln beurteilt werden.

Bei den KMU wird aus Gründen der Vereinfachung meist auf eine derartige differenzierte Abschreibung verzichtet, und es werden Gruppen gebildet, in denen gleichartige Teile des Anlagevermögens zusammengefasst werden, z.B. Maschinen und Apparate, Mobiliar und Einrichtungen usw.

Die Abschreibung wird dann gesamthaft für die ganze Gruppe nach Erfahrungswerten vorgenommen, wobei die Steuerbehörde die maximal zulässigen Abschreibungen festlegt.

Die steuerlich massgebenden **Abschreibungssätze** werden von der Eidgenössischen Steuerverwaltung, Hauptabteilung direkte Bundessteuer, periodisch publiziert und basieren auf Art. 27 Abs. 2 Buchstabe a und Art. 28 und 62 des DBG.

Gemäss **Merkblatt A** «Abschreibungen auf dem Anlagevermögen geschäftlicher Betriebe» betragen die Abschreibungssätze für

Maschinen und Apparate Produktion	30%
Mobiliar und Einrichtungen	25%
Büromaschinen, EDV-Anlagen, Kommunikationssysteme	40%
Fahrzeuge	40%
Werkzeuge und Geräte	45%
Lagereinrichtungen mit Mobiliarcharakter	25%
Hochregallager und ähnliche Einrichtungen	15%
Feste Einrichtungen und Installationen	20%

Diese Sätze gelten im Normalfall bei Abschreibungen vom **Buchwert.**

Wird vom **Anschaffungswert** abgeschrieben, so reduzieren sich obige Sätze auf die Hälfte.

Es können auch höhere Abschreibungssätze geltend gemacht werden, wenn diese begründet werden können.

Gewisse Kantone gewähren Sonderregelungen bei der Abschreibung, die in der Regel auch bei der direkten Bundessteuer anerkannt werden, sofern sie langfristig zum gleichen Ergebnis führen.

150.0 Maschinen und Apparate Produktion
Dazu gehören alle maschinellen Einrichtungen, die der Produktion dienen. Die Bezeichnung der Konten kann branchenbedingt variieren.

151.0 Mobiliar und Einrichtungen
Dazu gehören Geschäftsmobiliar, Werkstatteinrichtungen, Ladeneinrichtungen, Büromobiliar usw.

152.0 Büromaschinen, EDV-Anlagen, Kommunikationssysteme
Dazu gehören alle Büromaschinen, Datenverarbeitungsanlagen, Kommunikationssysteme, automatische Steuerungssysteme, Sicherheitseinrichtungen, elektronische Mess- und Prüfgeräte usw.

1526 Software
Hier handelt es sich um käuflich erworbene Software.
Selbst erarbeitete Software gehört auf Konto 1791.

Es ist auch möglich **Hard- und Software** zusammen im gleichen Konto 1521 zu führen, wenn die genaue Aufteilung mit Schwierigkeiten verbunden ist. Dies ist auch aus steuerlicher Sicht zu vertreten, können doch Hard- und Software mit dem gleichen Satz abgeschrieben werden.

153.0 Fahrzeuge
Dazu gehören Fahrzeuge aller Art, die zu geschäftlichen Zwecken eingesetzt werden, z.B. Personenwagen, Lieferwagen, Lastwagen, Spezialfahrzeuge. Die Kontenbezeichnungen können branchenbedingt variieren.

154.0 Werkzeuge und Geräte
Dazu gehören Werkzeuge aller Art sowie Geräte.

155.0 Lagereinrichtungen
Dazu gehören alle Arten von Lagereinrichtungen, Lagergestelle, Hochregallager und ähnliche Einrichtungen.

157.0 Feste Einrichtungen und Installationen
Dazu gehören Fahrnisbauten – auch solche auf fremdem Grund und Boden –, Geleiseanschlüsse, Tankanlagen, Liftanlagen, Rolltreppen, Kühlanlagen, Backöfen, Arbeiterbaracken, Container usw.
Die Kontenbezeichnungen sind branchenspezifisch zu wählen.

159.0 Übrige mobile Sachanlagen
Je nach Branche können hier geführt werden: Wäsche, Berufskleider, Formen, Modelle, Gerüstmaterial, Gebinde, Paletten usw.

160 Immobile Sachanlagen

Es handelt sich um Grundstücke und Bauten, die geschäftlichen Zwecken dienen.

Die immobilen Sachanlagen werden in folgende *Untergruppen* aufgeteilt:

> 160.0 Geschäftsliegenschaften
> 161.0 Fabrikgebäude
> 162.0 Werkstattgebäude, Atelier

163.0 Lagergebäude
164.0 Ausstellungs- und Verkaufsgebäude
165.0 Büro- und Verwaltungsgebäude
166.0 Wohnhäuser
168.0 Unbebaute Grundstücke

Kleinere Betriebe können sich beschränken auf das Konto

1600 Geschäftsliegenschaft.

Für die buchhalterische Behandlung von gemischt genutzten **Geschäftsliegenschaften,** die sowohl geschäftlichen wie auch privaten Zwecken dienen, ist die Regelung bei der direkten Bundessteuer (DBG) zu beachten.

Gemäss Artikel 18 DBG Abs. 2 gelten als Geschäftsvermögen alle Vermögenswerte, die ganz oder vorwiegend der selbständigen Erwerbstätigkeit dienen (Präponderanzmethode). Damit sind Geschäftsliegenschaften entweder ganz dem Geschäftsvermögen oder ganz dem Privatvermögen zuzuweisen.

Für die Beurteilung, ob es sich um eine vorwiegend geschäftlich oder vorwiegend privat genutzte Liegenschaft handelt, ist das Nutzungsverhältnis nach objektiven Kriterien zu ermitteln. Dabei sind in der Regel alle auf den geschäftlich genutzten Liegenschaftsteil entfallenden Erträge ins Verhältnis zum gesamten Liegenschaftsertrag zu setzen. Allenfalls können auch andere für die Abgrenzung geeignete Kriterien herangezogen werden (z.B. Fläche, Rauminhalt usw.). Beträgt der Anteil der geschäftlichen Nutzung mehr als 50 Prozent, gehört die Liegenschaft zum Geschäftsvermögen und ist entsprechend zu bilanzieren. Im anderen Fall, d.h. wenn die private Nutzung überwiegt, ist die Liegenschaft vollumfänglich dem Privatvermögen zuzurechnen. Damit ist eine Bilanzierung im Geschäftsvermögen ausgeschlossen und Abschreibungen zulasten des Geschäftsergebnisses entfallen.

Auf Liegenschaften des Geschäftsvermögens können **Abschreibungen** vorgenommen werden, welche bei den KMU in der Regel direkt auf dem entsprechenden Anlagekonto verbucht werden.

Wird indirekt abgeschrieben, so ist das Konto **Wertberichtigung** zu benützen. Dieses Konto wird pro Kontengruppe geführt und trägt immer die Endziffer 9 (z.B. 1609, 1619, 1629 usw.).

Bei der **indirekten Abschreibungsmethode** werden im Anlagekonto die Gestehungskosten (Anschaffungskosten zuzüglich wertvermehrende Aufwendungen) ausgewiesen und das Konto Wertberichtigung zeigt den Totalbetrag der bis zum Bilanzstichtag vorgenommenen Abschreibungen als Wertberichtigung.

	Beispiel:	Fr.	Fr.
1600	Geschäftsliegenschaft (Gestehungskosten)	950 000.–	
1609	Wertberichtigung (Total Abschreibungen)	250 000.–	
	Bilanzwert (Buchwert)		700 000.–

KONTENRAHMENKMU ▰▰▰▰▰ **117**

Die steuerlich zulässigen **Abschreibungssätze** werden von der Eidgenössischen Steuerverwaltung, Hauptabteilung direkte Bundessteuer, periodisch publiziert und basieren auf Art. 27 Abs. 2 Bst. a 28 und 62 des DBG.

Gemäss **Merkblatt A** «Abschreibungen auf dem Anlagevermögen geschäftlicher Betriebe» betragen die Abschreibungssätze für

Geschäftsliegenschaften	4%	(3%)
Fabrikgebäude	8%	(7%)
Werkstattgebäude, Atelier	8%	(7%)
Lagergebäude	8%	(7%)
Ausstellungs- und Verkaufsgebäude	8%	(7%)
Büro- und Verwaltungsgebäude	4%	(3%)
Wohnhäuser (für Personal)	2%	(1,5%)

Die Sätze gelten für Abschreibungen nur auf den Gebäuden.
Die in Klammern gesetzten Sätze gelten für Abschreibungen auf Gebäuden und Land zusammen, wenn Gebäude und Land in einer einzigen Bilanzposition enthalten sind.

Auf dem Wert des **Landes** lässt die Steuerverwaltung in der Regel keine Abschreibungen zu, in der Meinung, **Grund und Boden** unterlägen grundsätzlich keiner Wertabnahme. Wenn aber Landwerte durch planerische Massnahmen (Um- oder Auszonung) oder durch Veränderungen des wirtschaftlichen Umfeldes (Immobilienkrisen) unter die seinerzeitigen Anschaffungskosten sinken, so verlangen OR 665 und 669 zwingend die Vornahme von Abschreibungen, die auch von der Steuerbehörde zu akzeptieren sind.

Gewisse Kantone gewähren **Sonderregelungen bei den Abschreibungen,** die in der Regel auch bei der direkten Bundessteuer anerkannt werden, falls sie langfristig zum gleichen Ergebnis führen.

Die Steuerverwaltung lässt auch die **Nachholung unterlassener Abschreibungen** zu, wenn das Unternehmen in früheren Jahren wegen schlechten Geschäftsganges keine genügenden Abschreibungen vornehmen konnte.

Für geleistete **Anzahlungen für immobile Sachanlagen** können pro Kontenuntergruppe jeweils die Konten mit der Endziffer 8 benützt werden (z.B. 1608, 1618, 1628 usw.), falls die Anzahlung nicht direkt auf das betreffende Anlagekonto gebucht wird.

160.0 Geschäftsliegenschaften

Dieses Konto ist speziell für kleinere Gewerbebetriebe gedacht, die in der eigenen Liegenschaft des Firmeninhabers geführt werden. In der Schweiz bestehen eine Vielzahl solcher Unternehmen in der Rechtsform der Einzelfirma. Bei überwiegend geschäftlicher Nutzung der Liegenschaft (siehe vorstehende Ausführungen) ist diese in der Bilanz des Geschäftsbetriebes zu führen.

Da Abschreibungen grundsätzlich nur vom Buchwert der Gebäude nicht aber auf dem Land vorgenommen werden dürfen, können Gebäude und Land getrennt verbucht werden, z.B.

1600 Gewerbliche Bauten
1601 Land

161.0 Fabrikgebäude

Gebäude und Land können separat ausgewiesen werden, z.B.

1610 Fabrikgebäude
1611 Land

Bei mehreren Objekten empfiehlt sich die Führung von separaten Konten, z.B.

1610 Fabrik in A
1611 Land Fabrik in A
1612 Fabrik in B
1613 Land Fabrik in B

162.0 Werkstattgebäude, Atelier

Kommentar siehe unter 161.0

163.0 Lagergebäude

Kommentar siehe unter 161.0

164.0 Ausstellungs- und Verkaufsgebäude

Kommentar siehe unter 161.0

165.0 Büro- und Verwaltungsgebäude

Kommentar siehe unter 161.0

166.0 Wohnhäuser

Dazu gehören Wohnhäuser von Immobiliengesellschaften, Wohnbaugenossenschaften und -gesellschaften, Personalwohnhäuser, Wohlfahrtsgebäude und Wohnkolonien der Unternehmen für ihr Personal usw.

168.0 Unbebaute Grundstücke

Dazu gehören z.B. unbebaute Landparzellen, welche zur Betriebserweiterung, als Baulandreserve oder als Kapitalanlage aus geschäftlichen Mitteln und zu geschäftlichen Zwecken erworben wurden.

170 Immaterielle Anlagen

Immaterielle Anlagen sind käuflich erworbene oder selbstgeschaffene nicht gegenständliche Werte wie z.B. Patente, Marken, Warenzeichen, Urheberrechte, Lizenzen usw., die meist einen Handelswert aufweisen. Nach FER Nr. 9 dürfen sie nur dann bilanziert werden, wenn sie für das Unternehmen über mehrere Jahre einen für das Unternehmen messbaren Nutzen bringen werden.

Die immateriellen Anlagen werden in folgende *Untergruppen* aufgeteilt:

    170.0 Patente, Know-how, Rezepte
    171.0 Marken, Muster, Modelle, Pläne
    172.0 Lizenzen, Konzessionen, Nutzungsrechte, Firmenrechte
    173.0 Urheberrechte, Verlagsrechte, Vertragsrechte
    177.0 Goodwill
    179.0 Übrige immaterielle Anlagen

Kleinere Betriebe können sich auf wenige Konten beschränken, z.B.

    1700 Patente
    1770 Goodwill

Auf allen immateriellen Anlagen, die der Erwerbstätigkeit dienen, lässt die Steuerbehörde **Abschreibungen** in der Höhe von maximal 40 Prozent auf dem Buchwert (20 Prozent auf dem Anschaffungswert) zu.

Bei indirekter Abschreibung ist das Konto **Wertberichtigung** zu benützen. Dieses Konto wird pro Kontengruppe geführt und trägt immer die Endziffer 9 (z.B. 1709, 1719, 1729 usw.).

170.0   Patente, Know-how, Rezepte
Es handelt sich um käuflich erworbene immaterielle Werte, die der Erwerbstätigkeit dienen. Die Aktivierung erfolgt zu den Anschaffungswerten. Die Abschreibung richtet sich in der Regel nach den steuerlich massgebenden Sätzen.

171.0   Marken, Muster, Modelle, Pläne
Kommentar siehe unter 170.0

172.0   Lizenzen, Konzessionen, Nutzungsrechte, Firmenrechte
Kommentar siehe unter 170.0

173.0   Urheberrechte, Verlagsrechte, Vertragsrechte
Kommentar siehe unter 170.0

177.0   Goodwill
Darunter ist der Firmenwert oder Unternehmens-Mehrwert zu verstehen, der bei der käuflichen Übernahme eines Betriebes zu bezahlen ist. Ein Goodwill ist rechnerisch betrachtet nur bei Unternehmen mit guter Ertragslage vorhanden, bei denen der Ertragswert den Substanzwert übersteigt.
Nur ein käuflich erworbener Goodwill darf in der Bilanz aktiviert (und abgeschrieben) werden. Der steuerlich zulässige Abschreibungssatz beträgt maximal 40 Prozent auf dem Buchwert (20 Prozent auf dem Anschaffungswert).

179.0   Übrige immaterielle Anlagen
Dazu gehören weitere immaterielle Werte wie Kundenkarteien, Konkurrenzverbote, Gewerbeberechtigungen, Kontingente usw.

1791 EDV-Software
Hier ist die selbsterarbeitete EDV-Software zu verbuchen, wenn diese aktiviert und in der Bilanz ausgewiesen werden soll. Der steuerlich zulässige Abschreibungssatz beträgt maximal 40 Prozent vom Buchwert (bzw. 20 Prozent von den Herstellkosten).
Für käuflich erworbene Software siehe Konto 1526.

18 Aktivierter Aufwand und aktive Berichtigungsposten

180 Aktivierter Aufwand und aktive Berichtigungsposten

180.0 Aktivierter Aufwand

Darunter ist Geschäftsaufwand zu verstehen, der vom Gesetz als aktivierungsfähig und von der Steuerbehörde unter Umständen sogar als aktivierungspflichtig betrachtet wird.

Der aktivierte Aufwand wird wie folgt aufgeteilt:

180.00 Gründungs-, Kapitalerhöhungs- und Organisationsaufwand
181.00 Darlehens- und Obligationendisagio
182.00 Forschungs- und Entwicklungsaufwand
184.00 Übriger aktivierter Aufwand

Der aktivierte Aufwand ist ebenfalls abzuschreiben.

Nach OR 664 sind Gründungs-, Kapitalerhöhungs- und Organisationskosten innerhalb von 5 Jahren abzuschreiben.

Dies ergibt eine **Abschreibung** vom Anschaffungswert von 20 Prozent, was nach steuerlicher Auffassung einer Abschreibung vom Buchwert von 40 Prozent entspricht.

180.00 Gründungs-, Kapitalerhöhungs- und Organisationsaufwand

Dazu gehören die einmaligen Aufwendungen im Zusammenhang mit einer Unternehmensgründung, Unternehmenserweiterung oder Unternehmensumstrukturierung (z.B. Emissionsabgaben, Kosten für öffentliche Beurkundung, Gebühren für Handelsregistereintrag, Aufwendungen für Beratung, Aufbaukosten usw.).

181.00 Darlehens- und Obligationendisagio

Es handelt sich um die Differenz zwischen dem Ausgabebetrag (Ausgabekurs) und dem Rückzahlungsbetrag von Darlehen und Obligationen.

Beispiel Darlehensdisagio:	Fr.
Das gewährte Darlehen beträgt	100 000
Das ausbezahlte Darlehen beträgt	97 000
Das Darlehensdisagio beträgt	3 000

Das Darlehensdisagio ist nach der Dauer der Darlehensgewährung abzuschreiben. Die Abschreibung ist dem Finanzaufwand zu belasten.

182.00 Forschungs- und Entwicklungsaufwand

Damit der Forschungs- und Entwicklungsaufwand aktiviert werden darf, muss er für das Unternehmen einen messbaren Nutzen über mehrere Jahre bringen. Der aktivierbare und identifizierbare Wert darf höchstens zu den Anschaffungs- oder Herstellkosten bewertet werden. Sofern die Nutzungsdauer nicht eindeutig bestimmt werden kann, erfolgt die Abschreibung in der Regel über einen Zeitraum von fünf Jahren (FER Nr. 9).

184.00 Übriger aktivierter Aufwand

Darunter sind Aufwendungen zu verstehen, die dem Unternehmen einen voraussehbaren Zukunftserfolg versprechen. Nur unter dieser Voraussetzung darf eine Aktivierung des Aufwandes vorgenommen werden (z.B. ein Prozessaufwand, der uns dank günstiger Ausgangslage einen neuen erfolgversprechenden Marktzutritt ermöglicht).

Ist ein Zukunftserfolg nicht absehbar, so ist der Aufwand nicht zu aktivieren sondern dem Periodenergebnis zu belasten. Vergleiche FER Nr. 9 «Immaterielle Werte».

185.0 Aktive Berichtigungsposten

185.00 Nichteinbezahltes Aktienkapital

Nach OR 632 müssen bei der Gründung einer Aktiengesellschaft mindestens 20 Prozent des Nennwertes jeder Aktie, in allen Fällen aber mindestens Fr. 50 000.– geleistet werden.

Der nichteinbezahlte Teil des Aktienkapitals bedeutet eine bedingungslose Verpflichtung des Aktionärs, diesen Teil nach Aufforderung der Gesellschaft zu bezahlen.

Ist die Einforderung seitens der Gesellschaft erfolgt, so ist der nichteinbezahlte Teil des Aktienkapitals als Forderung der Gesellschaft auf Konto 1180 auszuweisen.

19 Betriebsfremdes Vermögen

190 Betriebsfremdes Vermögen

Die Unterscheidung in betriebliche und betriebsfremde Vermögensteile ist oftmals schwierig. So kann ein Aktivum, bei dessen Erwerb durchaus betriebliche Gründe im Vordergrund standen, später durch äussere Umstände seinen betrieblichen Charakter verlieren.

Ein Beispiel dazu ist eine Baulandreserve, die zu Zwecken einer dereinstigen Produktionserweiterung erworben wurde. Durch Rationalisierung und Verlagerung der Betriebstätigkeit auf Dienstleistungen wurde die Zweckbestimmung der Baulandreserve hinfällig, und das Land wurde später verwendet, um darauf ein Mehrfamilienhaus zu erstellen, welches nicht geschäftlichen Zwecken diente.

Die Abgrenzung zwischen betrieblichen und betriebsfremden (privaten) Vermögenswerten ist vor allem bei **Einzelfirmen** von Bedeutung für die steuerliche und AHV-rechtliche Betrachtungsweise.

Gemäss Art. 18 DBG, Abs. 2, zählen zu den Einkünften aus selbständiger Erwerbstätigkeit auch alle Kapitalgewinne aus Veräusserung, Verwertung oder buchmässiger Aufwertung von **Geschäftsvermögen.**

Als Geschäftsvermögen gelten alle Vermögenswerte, die ganz oder vorwiegend der selbständigen Erwerbstätigkeit dienen, siehe Ausführungen unter Konto 1600).

Dagegen werden **Kapitalgewinne auf privaten Vermögenswerten** bei der direkten Bundessteuer nicht erfasst (Art. 16 Abs. 3 DBG).

Deshalb ist es für Einzelfirmen, bei denen aus Gründen des genauen steuerlichen Vermögensnachweises auch die betriebsfremden (privaten) Vermögensanlagen in der Bilanz geführt werden, von grosser steuerlicher Tragweite, die Unterscheidung in betriebliche und betriebsfremde (private) Vermögenswerte in der Bilanz deutlich zu machen.

Dies ist um so wichtiger, weil sich auch die AHV-Kassen in ihrer Betrachtungsweise der Regelung bei der direkten Bundessteuer anschliessen. Dies bedeutet, dass ein geschäftlicher Kapitalgewinn, welcher der direkten Bundessteuer unterliegt, in der Regel auch von einem **AHV-Sonderbeitrag** erfasst wird.

Die **betriebsfremden Vermögenswerte** werden deshalb in einer separaten Kontenhauptgruppe 19 am Schluss der Aktiven zusammengefasst.

Die Gliederung der **betriebsfremden Vermögenswerte** erfolgt nach der Flüssigkeit (Liquidität) und damit nach der gleichen Systematik wie bei den betrieblichen Aktiven:

> 190.0 Flüssige Mittel und Wertschriften
> 191.0 Kurzfristige Forderungen
> 192.0 Vorräte und angefangene Arbeiten
> 193.0 Aktive Rechnungsabgrenzung
> 194.0 Finanzanlagen
> 195.0 Mobile Sachanlagen
> 196.0 Immobile Sachanlagen
> 197.0 Immaterielle Anlagen
> 198.0 Aktivierter Aufwand

Bezüglich Kommentar zu den einzelnen Kontengruppen siehe Ausführungen unter den entsprechenden betrieblichen Aktiven.

KONTENRAHMENKMU ▇▇▇▇▇▇▇▇ **123**

Die betriebsfremden Vermögenswerte können aber auch im Zusammenhang stehen mit einer **betriebsfremden Tätigkeit,** die mit der eigentlichen Tätigkeit des Unternehmens nichts zu tun hat.

Beispiel:
Der Inhaber einer Einzelfirma aus der Baubranche hat ein Flair für die elektronische Datenverarbeitung, und er entwickelt in Zusammenarbeit mit einem EDV-Programmierer eine praxisbezogene branchenspezifische Software für die Auftragsbearbeitung in der Baubranche. Diese Programme vertreibt er auf eigene Rechnung. Solange diese an sich betriebsfremde Tätigkeit des Bauunternehmers unter dem Namen seiner Baufirma betrieben wird, sollten die Aktiven aus der betriebsfremden Tätigkeit in der Kontenhauptgruppe 19 «Betriebsfremdes Vermögen» geführt werden. Für die Darstellung des Erfolges aus dieser betriebsfremden Tätigkeit steht in der Erfolgsrechnung in der Kontenklasse 8 unter dem betriebsfremden Erfolg die Kontenhauptgruppe 82 zur Verfügung.

Bilanzverlust

Ein allfälliger Bilanzverlust sollte nicht wie ein unechtes Aktivum (Scheinaktivum) unter den Aktiven sondern als «aktiver Berichtigungsposten» bei den Passiven unter 299.0 erfasst werden.

Der in der Praxis anzutreffende Ausweis unter den Aktiven ist zwar rechnerisch vertretbar, führt aber zu einer unerwünschten Aufblähung der Bilanzsumme und macht bei Bilanzanalysen eine Verrechnung des Bilanzverlustes mit dem Eigenkapital notwendig.

2   Passiven (OR 663a Abs. 3 und 4)

Sie bestehen aus dem Fremdkapital (Schulden) und dem Eigenkapital (Reinvermögen).

Die **Gliederung** erfolgt nach der **Fälligkeit** der Verbindlichkeiten, die in kurzfristiges und langfristiges Fremdkapital unterteilt werden.

Die Passiven werden in folgende Hauptgruppen unterteilt:

20   Fremdkapital kurzfristig
200   Kurzfristige Verbindlichkeiten aus Lieferungen und Leistungen
210   Kurzfristige Finanzverbindlichkeiten
220   Andere kurzfristige Verbindlichkeiten
230   Passive Rechnungsabgrenzung und kurzfristige Rückstellungen

24   Fremdkapital langfristig
240   Langfristige Finanzverbindlichkeiten
250   Andere langfristige Verbindlichkeiten
260   Rückstellungen langfristig

27   Fremdkapital betriebsfremd
270   Betriebsfremde Verbindlichkeiten

28   Eigenkapital
280   Kapital, Privat
290   Reserven, Bilanzgewinn

20   Fremdkapital kurzfristig

Es handelt sich um Verbindlichkeiten, die innerhalb von längstens 12 Monaten oder kürzer zur Zahlung fällig werden.

Das kurzfristige Fremdkapital besteht aus folgenden *Gruppen*:

200   Kurzfristige Verbindlichkeiten aus Lieferungen und Leistungen
210   Kurzfristige Finanzverbindlichkeiten
220   Andere kurzfristige Verbindlichkeiten
230   Passive Rechnungsabgrenzung und kurzfristige Rückstellungen

200 Kurzfristige Verbindlichkeiten aus Lieferungen und Leistungen

Es handelt sich um unbezahlte finanzielle Verpflichtungen aus Beschaffungsgeschäften im Zusammenhang mit der betrieblichen Leistungserstellung. Die Bewertung erfolgt zum Fakturabetrag. Bei Rechnungen in Fremdwährung erfolgt die Umrechnung zum Briefkurs am Bilanzstichtag.

200.0 Verbindlichkeiten aus Lieferungen und Leistungen gegenüber Dritten

Es sind die unbezahlten Verpflichtungen gegenüber Lieferanten aus Beschaffungsgeschäften für Materialien, Waren, Betriebsmittel, Dienstleistungen und Anlagegüter usw.

Das neue Aktienrecht ersetzt den Begriff der **«Kreditoren»** durch «Verbindlichkeiten».

Kleinere Betriebe in einer Rechtsform, die nicht dem neuen Aktienrecht untersteht, können sich in dieser Kontengruppe auf ein einziges Konto beschränken:

2000 Verbindlichkeiten aus Lieferungen und Leistungen

Das revidierte Aktienrecht verlangt dagegen in OR 663a Abs. 4 für Aktiengesellschaften in Konzernstruktur den gesonderten Ausweis von Verbindlichkeiten gegenüber anderen Gesellschaften des Konzerns oder Aktionären, die eine Beteiligung an der Gesellschaft halten.

203.0 Anzahlungen von Kunden

Es handelt sich um bereits geleistete Zahlungen von Kunden für Leistungen, die vom Unternehmen noch nicht erbracht worden sind.

205.0 Verbindlichkeiten aus Lieferungen und Leistungen gegenüber Konzerngesellschaften

Gemäss revidiertem Aktienrecht (OR 663a Abs.4) sind Verbindlichkeiten gegenüber anderen Gesellschaften des Konzerns (OR 663e) gesondert anzugeben.

206.0 Verbindlichkeiten aus Lieferungen und Leistungen gegenüber Aktionären

Gemäss revidiertem Aktienrecht (OR 663a Abs.4) sind Verbindlichkeiten gegenüber Aktionären, die eine Beteiligung von mindestens 20 Prozent der Stimmen an der Gesellschaft halten (OR 665a), gesondert auszuweisen.

210 Kurzfristige Finanzverbindlichkeiten

Darunter sind finanzielle Verbindlichkeiten zu verstehen, die nicht direkt mit der Leistungserstellung des Betriebes im Zusammenhang stehen und in längstens 12 Monaten zur Zahlung fällig werden.

210.0 Bankverbindlichkeiten kurzfristig

Dazu zählen Bankkredite in Kontokorrentform.
Aktivkontokorrente siehe 102.0.

211.0 Postcheck- und WIR-Verbindlichkeiten

Hier sind Postcheck- und WIR-Konten aufzuführen, die am Bilanzstichtag einen Negativsaldo aufweisen.
Postcheckguthaben siehe 101.0; WIR-Guthaben siehe 1190.

212.0 Wechselverpflichtungen

Darunter gehören auf die Unternehmung gezogene Schuldwechsel (Tratten), Eigenwechsel, Pflichtlagerwechsel usw.

214.0 Sonstige kurzfristige Finanzverbindlichkeiten gegenüber Dritten

Dazu gehören z.B. kurzfristige Vorschüsse von Banken, die innerhalb von 12 Monaten rückzahlbar sind.

215.0 Kurzfristige Finanzverbindlichkeiten gegenüber Konzerngesellschaften

Es handelt sich um kurzfristige Finanzverbindlichkeiten gegenüber Tochtergesellschaften, welche innerhalb längstens 12 Monaten zur Zahlung fällig werden. Gemäss OR 663a Abs. 4 sind Verbindlichkeiten gegenüber anderen Gesellschaften des Konzerns (OR 663e) gesondert auszuweisen.

216.0 Kurzfristige Finanzverbindlichkeiten gegenüber Aktionären

Dazu gehören kurzfristige Verrechnungs- und Kontokorrentschulden gegenüber nahestehenden Aktionären. Gemäss OR 663a Abs. 4, sind Verbindlichkeiten gegenüber Aktionären, die eine Beteiligung von mindestens 20 Prozent an der Gesellschaft halten (OR 665a), gesondert auszuweisen.

217.0 Kurzfristige Finanzverbindlichkeiten gegenüber Vorsorgeeinrichtungen

Hier werden kurzfristige Verbindlichkeiten des Unternehmens gegenüber Vorsorgeeinrichtungen aufgeführt, die innerhalb von längstens 12 Monaten zur Zahlung fällig werden.
OR 663b Abs. 5 verlangt im Anhang zur Jahresrechnung den separaten Ausweis der Verbindlichkeiten gegenüber Vorsorgeeinrichtungen.

218.0 Kurzfristig fälliger Teil von langfristigen Finanzverbindlichkeiten

Hier sind die im laufenden Jahr fälligen Amortisationsraten von Hypotheken und Darlehensverbindlichkeiten zu erfassen.

220 Andere kurzfristige Verbindlichkeiten

Hier werden alle übrigen kurzfristigen Verbindlichkeiten des Unternehmens aufgeführt, die innert längstens 12 Monaten zur Zahlung fällig werden.

220.0 Verbindlichkeiten gegenüber staatlichen Stellen

2200 Geschuldete Mehrwertsteuer
Es handelt sich hier um die geschuldete Umsatzsteuer, die aus der Unternehmenstätigkeit resultiert.
Zur Erstellung der im Regelfall quartalsweise einzureichenden Mehrwertsteuerabrechnung ist der Saldo der geschuldeten **Umsatzsteuer** gemäss Konto 2200 mit dem Saldo der vom Unternehmen zurückzufordernden **Vorsteuer** gemäss Konten 1170 und 1171 zu verrechnen. Die Differenz ist die Mehrwertsteuer-Zahllast des Unternehmens an die ESTV bzw. – im Falle eines Vorsteuerüberschusses – die Forderung des Unternehmens bei der ESTV.

2206 Geschuldete Verrechnungssteuer
Hier ist die vom Unternehmen geschuldete Verrechnungssteuer zu buchen, die auf Erträgen an der Quelle abzuziehen ist (z.B. auf Dividenden an die Aktionäre).

2207 Geschuldete Emmissionsabgabe
Hier ist die vom Unternehmen geschuldete Emmissionsabgabe zu buchen, die z.B. bei der Gründung einer Aktiengesellschaft zu entrichten ist.

2208 Geschuldete direkte Steuern
Hier sind geschuldete direkte Steuern zu verbuchen (Ertrags- bzw. Einkommensteuern und Kapital- bzw. Vermögenssteuern, Grundstückgewinnsteuern, Liquidationsgewinnsteuern usw.).

221.0 Andere kurzfristige Verbindlichkeiten gegenüber Dritten
Dazu gehören kurzfristige Vorschüsse und Darlehen z.B. von Lieferanten, Geschäftspartnern, Mitarbeitern sowie aus dem Freundes- und Verwandtenkreis, die innerhalb von längstens 12 Monaten rückzahlbar sind.

223.0 Fällige Dividenden und Obligationenzinsen
Hier sind fällige Dividenden auf Aktien und Zinsen auf Anleihensobligationen zu erfassen, die vom Begünstigten noch nicht eingelöst worden sind.

224.0 Fällige Obligationenanleihen
Hier sind fällige aber noch nicht zurückbezahlte Obligationenanleihen zu erfassen.

225.0 Andere kurzfristige Verbindlichkeiten gegenüber Konzerngesellschaften
Siehe Bemerkungen unter 215.0.

226.0 Andere kurzfristige Verbindlichkeiten gegenüber Aktionären
Siehe Bemerkungen unter 216.0.

227.0 Andere kurzfristige Verbindlichkeiten gegenüber Vorsorgeeinrichtungen
Siehe Bemerkungen unter 217.0.

229.0 Gewinnausschüttungen
Hier sind fällige Ausschüttungen des Reingewinnes an Dritte zu erfassen, wie z.B. Dividenden, Tantiemen, Erfolgsbeteiligungen usw.
Das Konto dient der zusammengefassten Darstellung der beschlossenen Ausschüttungen des Bilanzgewinnes an Dritte. Fällige Dividenden, insbesondere solche aus früheren Geschäftsjahren, können aber auch auf Konto 2230 und 2231 erfasst werden.

230 Passive Rechnungsabgrenzung, kurzfristige Rückstellungen

230.0 Passive Rechnungsabgrenzung

230.00 Passive Rechnungsabgrenzung
Dieser Begriff ersetzt denjenigen der **transitorischen Passiven.**

2300 Noch nicht bezahlte Aufwendungen
Es sind Aufwendungen, die noch das alte Jahr betreffen, aber erst im neuen Jahr bezahlt werden (Aufwandnachtrag).

2301 Im voraus erhaltene Erträge
Es sind Erträge, die das neue Jahr betreffen, aber bereits im alten Jahr eingegangen sind (Ertragsvortrag).

Kleinere Betriebe können sich auf ein Konto beschränken:
2300 Passive Rechnungsabgrenzung

233.0 Kurzfristige Rückstellungen

Nach OR 669 sind Rückstellungen zu bilden, um ungewisse Verpflichtungen und drohende Verluste aus schwebenden Geschäften zu decken. Es geht also um Verbindlichkeiten, deren Höhe und Fälligkeit am Bilanzstichtag noch ungewiss sind.

Kurzfristig sind Rückstellungen dann, wenn die daraus resultierenden Verbindlichkeiten innerhalb von längstens 12 Monaten zur Zahlung fällig werden. Dauert diese Frist länger als ein Jahr, so ist die Rückstellung langfristig und damit unter der Gruppe 260 aufzuführen. (Siehe auch Kommentar zu Gruppe 260 «Rückstellungen langfristig».)

233.00 Kurzfristige Rückstellungen aus Lieferung und Leistung
Dazu gehören z.B. Rückstellungen für Garantiearbeiten und Risiken aus Abnahmeverpflichtungen.

234.00 Kurzfristige Rückstellungen für Steuern
Dazu gehören Rückstellungen für direkte und indirekte Steuern, die innerhalb von längstens 12 Monaten zur Zahlung fällig werden.

KONTENRAHMENKMU

24 Fremdkapital langfristig

Es handelt sich um langfristige Verbindlichkeiten, die frühestens in einem Jahr oder länger zur Zahlung fällig werden.

Das langfristige Fremdkapital besteht aus folgenden *Gruppen*:

240 Langfristige Finanzverbindlichkeiten
250 Andere langfristige Verbindlichkeiten
260 Rückstellungen langfristig

240 Langfristige Finanzverbindlichkeiten

Dazu gehören Finanzverbindlichkeiten insbesondere bei Banken und anderen Finanzierungsinstituten wie z.B. bei Versicherungsgesellschaften sowie am Kapitalmarkt.
Die Fälligkeit ist länger als ein Jahr.
Nach heutiger Finanzierungslehre gehören die während des Rechnungsjahres fälligen langfristigen Finanzverbindlichkeiten (Amortisationsraten auf Darlehen und Hypotheken) zum kurzfristigen Fremdkapital (siehe 218.0).

240.0 Bankverbindlichkeiten
Dazu zählen Bankschulden in Form von festen Vorschüssen und Darlehen mit einer Laufzeit von mehr als 12 Monaten.

242.0 Leasingverbindlichkeiten langfristig
Wird das Leasinggut in der Bilanz aktiviert, so müssen die Leasingverbindlichkeiten hier mit dem Barwert der Restschuld passiviert werden. Kurzfristige Leasingverbindlicheiten, d.h. Leasingraten, die innerhalb von 12 Monaten zur Zahlung fällig werden, sind auf Konto 2005 umzubuchen.

244.0 Hypothekarverbindlichkeiten
Es sind durch Grundpfand (meist Schuldbriefe) sichergestellte langfristige Schulden, die in der Regel zur Finanzierung von Grundeigentum verwendet werden.
Die Aufteilung der Hypothekarschulden kann erfolgen nach Objekten z.B. Hypothek auf Geschäftsliegenschaft, Wohnhaus, usw. oder nach Rangfolge z.B. Hypothek im ersten Rang, Hypothek im zweiten Rang. Innert Jahresfrist fällige Amortisationsraten sind auf Konto 2180 umzubuchen.

246.0 Obligationenanleihen
Es sind langfristige Schuldverpflichtungen, die in der Regel nur von grösseren Unternehmungen am Kapitalmarkt ausgegeben werden. Die Bilanzierung erfolgt grundsätzlich zum Rückzahlungsbetrag, der in der Regel zu pari erfolgt.

Bei Ausgabe der Anleihe unter pari ist das **Obligationendisagio** auf Konto 1811 zu buchen.

Im Jahr vor der Fälligkeit ist die Obligationenanleihe auf Konto 2240 umzubuchen.

250 Andere langfristige Verbindlichkeiten

Hier werden alle übrigen langfristigen Verbindlichkeiten des Unternehmens aufgeführt, die frühestens in einem Jahr oder später zur Zahlung fällig werden.

250.0 Langfristige Darlehensverbindlichkeiten gegenüber Dritten

Dazu gehören langfristige Darlehen z.B. von Lieferanten, Geschäftspartnern, Mitarbeitern sowie von Freunden und Verwandten. Innert Jahresfrist fällig werdende Amortisationsraten sind auf Konto 2181 umzubuchen.

255.0 Langfristige Verbindlichkeiten gegenüber Konzerngesellschaften

Es handelt sich um langfristige Verbindlichkeiten (z.B. Darlehens- oder Hypothekarschulden) gegenüber Konzerngesellschaften, welche gemäss OR 663a Abs. 4 in der Bilanz gesondert auszuweisen sind.

256.0 Langfristige Verbindlichkeiten gegenüber Aktionären

Es handelt sich um langfristige Verbindlichkeiten (z.B. Darlehens- oder Hypothekarschulden) gegenüber Aktionären, die eine Beteiligung von mindestens 20 Prozent an der Gesellschaft halten (OR 665a).

257.0 Langfristige Verbindlichkeiten gegenüber Vorsorgeeinrichtungen

Es handelt sich um langfristige Verbindlichkeiten (z.B. Darlehens- oder Hypothekarschulden) gegenüber Vorsorgeeinrichtungen, die nach OR 663b Abs. 5 im Anhang zur Jahresrechnung auszuweisen sind.

260 Rückstellungen langfristig

Nach OR 669 sind Rückstellungen zu bilden, um ungewisse Verpflichtungen und drohende Verluste aus schwebenden Geschäften zu decken.

Gemäss Definition von Käfer handelt es sich bei den Rückstellungen um in ihrer Höhe noch nicht genau bekannte Verpflichtungen und andere zu erwartende Abgänge ohne Gegenwert, deren Berücksichtigung zur Feststellung des ordentlichen oder ausserordentlichen Aufwandes notwendig ist. Es geht also um Verbindlichkeiten, deren Höhe und Fälligkeit am Bilanzstichtag noch ungewiss sind.

Langfristig sind Rückstellungen dann, wenn die daraus entstehenden Verbindlichkeiten frühestens in 12 Monaten oder später zur Zahlung fällig werden. Beträgt die Fälligkeit weniger als 12 Monate, so gilt die Rückstellung als kurzfristig und ist unter 233.0 ff. auszuweisen. (Siehe auch Kommentar unter 233.0 «Kurzfristige Rückstellungen».)

260.0 Rückstellungen für Reparaturen, Sanierung und Erneuerung

Es handelt sich um Rückstellungen für zu erwartende Aufwendungen für Reparaturen, Sanierung und Erneuerung.

261.0 Rückstellungen für Forschung und Entwicklung

Es handelt sich um Rückstellungen für zu erwartende Aufwendungen für Forschung und Entwicklung.*

* *Gemäss DBG Art. 63 Abs. 1 Bst. d können für künftige Forschungs- und Entwicklungsaufträge an Dritte Rückstellungen bis zu 10 Prozent des steuerbaren Gewinnes, insgesamt jedoch höchstens bis zu 1 Million Franken gebildet werden.*

*Obschon im DBG als Rückstellung bezeichnet, handelt es sich vielmehr um eine **Rücklage,** d.h. eine steuerbegünstigte Reserve mit Eigenkapitalcharakter.*

262.0 Rückstellungen für betriebliche Umstrukturierung

Es handelt sich eigentlich um Rücklagen für mutmassliche Aufwendungen bei wirtschaftlich erforderlichen Betriebsumstellungen und Umstrukturierungen.**

** *Gewisse kantonale Steuerbehörden lassen nach Absprache auch pauschale Rücklagen für künftige wissenschaftliche oder technische Forschung und Entwicklung sowie für betriebsnotwendige Umstrukturierungsmassnahmen und Umweltschutzmassnahmen zu.*

*Die **Rücklagen** sind offen unter den Passiven auszuweisen. Es handelt sich dabei um eine steuerbegünstigte Reserve mit Eigenkapitalcharakter.*

263.0 Rückstellungen aus Lieferung und Leistung

Es handelt sich um Rückstellungen für zu erwartende Aufwendungen im Zusammenhang mit der Leistungserstellung, z.B. Garantiearbeiten, die nach einem Jahr oder länger ausgeführt werden müssen.

264.0 Rückstellungen für Steuern (langfristig)

Hier können z.B. Rückstellungen für latente Steuern auf den vorhandenen stillen Reserven des Unternehmens passiviert werden (siehe auch FER Nr. 11).

265.0 Rückstellungen für Umweltschutzmassnahmen

Hier können Rückstellungen für mutmassliche Aufwendungen im Zusammenhang mit Umweltschutzmassnahmen ausgewiesen werden. Die Steuerbehörden gewisser Kantone lassen, nach vorheriger Absprache, pauschale Rücklagen für Massnahmen des Umweltschutzes zu.**

267.0 Rückstellungen für Altersvorsorge

Es handelt sich um zweckgebundene Rückstellungen im Zusammenhang mit zu erwartenden Aufwendungen für die Altersvorsorge der Mitarbeiter zu Lasten des Unternehmens, die nicht durch die Vorsorgeeinrichtung abgedeckt sind.

27 Fremdkapital betriebsfremd

270 Betriebsfremde Verbindlichkeiten

Es handelt sich um Verbindlichkeiten, die mit der eigentlichen Betriebstätigkeit in keinerlei Zusammenhang stehen. Siehe auch Kommentar zu der Kontenhauptgruppe 19 «Betriebsfremdes Vermögen».

Die Gliederung der **betriebsfremden Verbindlichkeiten** erfolgt nach deren Fälligkeit, somit nach der gleichen Systematik wie bei den betrieblichen Verbindlichkeiten:

> 270.0 Kurzfristige Verbindlichkeiten aus Leistung
> 271.0 Kurzfristige Finanzverbindlichkeiten
> 272.0 Andere kurzfristige Verbindlichkeiten
> 273.0 Passive Rechnungsabgrenzung, Kurzfristige Rückstellungen
> 274.0 Langfristige Finanzverbindlichkeiten
> 275.0 Andere langfristige Verbindlichkeiten
> 276.0 Rückstellungen

Bezüglich Kommentar zu den einzelnen Kontengruppen siehe Ausführungen unter den entsprechenden betrieblichen Verbindlichkeiten.

Betreffend Passiven aus einer **betriebsfremden Tätigkeit** siehe Kommentar unter Kontenhauptgruppe 19 «Betriebsfremdes Vermögen».

Minderheitsanteile

Bei Unternehmen in Konzernstruktur stellt sich die Frage, wo die Minderheitsanteile in der Konzernbilanz auszuweisen sind.

Es stehen drei Varianten zur Verfügung:

1. Als Teil des **Eigenkapitals** des Konzerns. Dabei wird der Konzern als wirtschaftliche Einheit, die Minderheitsgesellschafter als Miteigentümer des Gesamtunternehmens betrachtet.
   (z.B. Kontengruppe **284**)

2. Als Teil des langfristigen **Fremdkapitals.** Dabei werden die Minderheitsgesellschafter wie aussenstehende Gläubiger des Gesamtunternehmens betrachtet.
   (z.B. Kontengruppe **259**)

3. Als selbständige Position **zwischen dem Eigen- und dem Fremdkapital.** Diese sogenannte Niemandslandtheorie widerspiegelt die Argumente für und wider Eigenkapital- und Fremdkapitalvariante.
   (z.B. Kontengruppe **279**)

KONTENRAHMENKMU **133**

28   Eigenkapital

Das Eigenkapital ergibt sich rechnerisch aus der Differenz zwischen dem Total aller Vermögenswerte (Aktiven) vermindert um das Fremdkapital (Total aller Verbindlichkeiten).

Bezeichnung und Darstellung des Eigenkapitals richten sich nach der Rechtsform des Unternehmens.

Das Eigenkapital wird in folgende *Gruppen* eingeteilt:

280   Kapital (und Privatkonti bei Einzelfirmen und Personengesellschaften)
290   Reserven und Bilanzgewinn/Bilanzverlust

280   Kapital / Privat

280.0 Kapital

Die Bezeichnung der Kapitalkonten hängt ab von der Rechtsform des Unternehmens.

280.00 Eigenkapital Einzelfirmen

2800   Eigenkapital
Es ist rechnerisch der Betrag, um welchen die Vermögenswerte des Unternehmens die Verbindlichkeiten übersteigen.

2801   Eigengut Ehepartner
Auf diesem Konto kann das in den Betrieb eingebrachte Eigengut des Ehepartners festgehalten werden.

280.00 Eigenkapital Personengesellschaften

Bei Personengesellschaften (z.B. Kollektivgesellschaften OR 552 ff. oder Kommanditgesellschaften OR 594 ff.) ist für jeden Gesellschafter ein eigenes Kapitalkonto zu führen z.B.

2800 Kapital Teilhaber A
2801 Kapital Teilhaber B
2802 Kapital Kommanditär C

280.00 Stammkapital GmbH

Gemäss OR 773 darf das Stammkapital nicht weniger als 20 000 Franken und nicht mehr als 2 Millionen Franken betragen.

Nach OR 774 Abs. 2 ist bei der Gründung mindestens die Hälfte des **Stammkapitals** (somit mindestens 10 000 Franken) einzuzahlen oder durch Sacheinlagen zu decken.

280.00 Genossenschaftskapital

Die Genossenschaft ist eine als Körperschaft organisierte Verbindung einer nicht geschlossenen Zahl von Personen oder Handelsgesellschaften (OR 828). Da von der Genossenschaft gemäss OR 839 jederzeit neue Mitglieder aufgenommen werden können, ist ein zum voraus festgesetztes **Grundkapital** unzulässig.

280.00 Aktienkapital

Nach OR 621 beträgt das Mindestkapital 100 000 Franken, wovon bei der Gründung nach OR 632 mindestens 20 Prozent des Nennwertes jeder Aktie zu leisten ist. In allen Fällen müssen die geleisteten Einlagen aber mindestens 50 000 Franken betragen (OR 632 Abs. 2).

Der Nennwert der Aktie muss mindestens 10 Franken betragen (OR 622 Abs. 4).

Die Aktien lauten auf den Namen oder auf den Inhaber (OR 622 Abs. 1).

2800 Namenaktienkapital
2801 Inhaberaktienkapital

Kleinere **Familien-Aktiengesellschaften** verfügen in der Regel nur über Namenaktien, deren Übertragbarkeit in den Statuten im Rahmen der gesetzlichen Möglichkeiten beschränkt wird, um die Aktien auf einen möglichst engen Kreis der Familie zu beschränken.

In diesen Betrieben wird in der Regel nur ein Konto geführt:

2800 Aktienkapital

Soll einem Aktionär oder einer Aktionärsgruppe zu einem höheren Stimmengewicht verholfen werden, so besteht die Möglichkeit, sogenannte **Stimmrechtsaktien** zu schaffen. Es sind dies Namenaktien, die einen tieferen Nennwert aufweisen, aber dem Aktionär trotzdem pro Aktie zu einer Stimme verhelfen.

2800 Namenaktienkapital A (Stimmrechtsaktien)
2801 Namenaktienkapital B

Sollen Mitarbeiter an der Gesellschaft beteiligt werden, so können **Mitarbeiteraktien** geschaffen werden. Diese können gratis oder zu Vorzugsbedingungen an Mitarbeiter des Unternehmens abgegeben werden.

2800 Namenaktienkapital A
2801 Namenaktienkapital B (Mitarbeiteraktien)

Werden für gewisse Aktionärskreise derselben Gesellschaft bestimmte, in den Statuten festgelegte Vorrechte eingeräumt (z.B. in bezug auf die Dividende oder bei Auflösung der Gesellschaft), so spricht man von **Vorzugsaktien** oder **Prioritätsaktien** (OR 654, 656).

2800 Stammaktien
2801 Prioritätsaktien

281.00 Partizipationskapital

Die Ausgabe von Partizipationsscheinen ermöglicht Aktiengesellschaften eine Eigenkapitalbeschaffung ohne Gewährung von Mitwirkungsrechten (z.B. Stimmrecht) an die Partizipanten (OR 656a–g).

285.0 Privat

Hier sind die Privatkonten für Einzelfirmen und Personengesellschaften zu führen. Es handelt sich dabei um Unterkonten des Eigenkapitals, die beim Jahresabschluss in der Regel über das Kapitalkonto abgebucht werden.

285.00 Privatkonto

Bei Unternehmungen in der Rechtsform der **Einzelfirma** ist für den Firmeninhaber ein Privatkonto zu führen, welches den Privataufwand des Firmeninhabers und seiner Familie ausweist.

Um steuerlichen Anforderungen zu genügen, empfiehlt sich folgender Detaillierungsgrad des Privatkontos:

2850 Privatbezüge in bar
Hier sind die Privatentnahmen in bar aus dem Geschäft zu verbuchen.

2851 Naturalbezüge aus dem Geschäft *
Hier sind die Warenbezüge aus dem Geschäft mit dem Betrag zu verbuchen, den der Steuerpflichtige ausserhalb des Geschäftes dafür hätte bezahlen müssen. (Gegenbuchung: Hauptgruppe 37).

2852	Privatanteile am Betriebsaufwand *	Gegenkonto
	Privatanteil am Personalaufwand	5890
	Privatanteil am Raumaufwand	6090
	Privatanteil am Fahrzeugaufwand	6270
	Privatanteil am Verwaltungsaufwand	6550

Für Arbeiten von Geschäftsangestellten für die privaten Bedürfnisse des Geschäftsinhabers und seiner Familie, für Heizung, Strombezüge, Reinigungsmaterial, Haushaltartikel, Privatfahrten, private Telefongespräche, Radio- und TV-Gebühren sind Privatanteile nach Weisungen der Steuerbehörden zu verbuchen, sofern sämtliche den Privathaushalt betreffenden Aufwendungen dem Geschäft belastet worden sind.

* *Die Steuerbehörde publiziert periodisch ein* **Merkblatt N 1** *über die Bewertung der Naturalbezüge und der privaten Unkostenanteile von selbständigerwerbenden Geschäftsinhabern.*

2853 Mietwert Privatwohnung
Der Mietwert der privat genutzten Wohnung ist nach den ortsüblichen Verhältnissen für ein entsprechendes Objekt zu bestimmen.

2854 Private Versicherungsprämien
Hier sind die privaten Versicherungsprämien für Unfall und Krankheit sowie Prämien für Lebensversicherungen (Säule 3b) des Betriebsinha-

KONTENRAHMENKMU

bers und seiner Ehefrau zu verbuchen, die bis zu einer gewissen Höhe vom steuerbaren Einkommen abgezogen werden können.

2855   Private Vorsorgebeiträge
Hier sind die Beiträge an die berufliche Vorsorge des Betriebsinhabers und seiner mitarbeitenden Ehefrau (Säule 2b und Säule 3a) zu verbuchen, die bis zu einer bestimmten Höhe vom steuerbaren Einkommen abgezogen werden können.

2856   Private Steuern
Hier sind die Einkommens- und Vermögenssteuern sowie weitere Steuerabgaben (Erbschafts- und Schenkungssteuern, Grundstückgewinnsteuern usw.) des Einzelfirmeninhabers zu verbuchen.

Bei **Personengesellschaften** (z.B. Kollektiv- oder Kommanditgesellschaften) ist für jeden Gesellschafter ein individuelles Privatkonto zu führen. Die Gliederung kann analog der Gruppe 285.00 erfolgen.

288.00 Abrechnungskonten für Privatliegenschaften
Hier können, als Unterkonten des Privatkontos, Abrechnungskonten für Liegenschaften des Privatvermögens geführt werden.

290   Reserven, Bilanzgewinn

290.0 Reserven

290.00 Gesetzliche Reserven

2900   Allgemeine Reserve (OR 671)
Fünf Prozent des Jahresgewinnes sind der allgemeinen Reserve zuzuweisen, bis diese 20 Prozent des einbezahlten Aktienkapitals erreicht hat. Dieser Reserve sind, auch nachdem sie die gesetzliche Höhe erreicht hat, zuzuweisen:

1. Ein bei der Ausgabe von Aktien nach Deckung der Ausgabekosten über den Nennwert hinaus erzielter Mehrerlös, soweit er nicht zu Abschreibungen oder zu Wohlfahrtszwecken verwendet wird.

2. Was von den geleisteten Einzahlungen auf ausgefallene Aktien übrigbleibt, nachdem ein allfälliger Mindererlös aus den dafür ausgegebenen Aktien gedeckt worden ist.

3. Zehn Prozent der Beträge, die nach Bezahlung einer Dividende von 5 Prozent als Gewinnanteil ausgerichtet werden.

Die allgemeine Reserve darf, soweit sie die Hälfte des Aktienkapitals nicht übersteigt, nur zur Deckung von Verlusten oder für Massnahmen verwendet werden, die geeignet sind, in Zeiten schlechten Geschäftsganges das Unternehmen durchzuhalten, der Arbeitslosigkeit entgegenzuwirken oder ihre Folgen zu mildern.

2901 Reserve für eigene Aktien (OR 671a)
Beim Erwerb eigener Aktien (siehe unter Gruppen 108.0 und 149.0) wird die Gesellschaft verpflichtet, einen dem Anschaffungswert dieser Aktien entsprechenden Betrag gesondert als Reserve für eigene Aktien auszuweisen (OR 659). Der Zweck dieser Reserve ist eine Ausschüttungssperre, mit welcher sichergestellt werden soll, dass der Erwerb von eigenen Aktien nicht zu einer Rückzahlung von Aktienkapital führen kann.
Die Reserve für eigene Aktien kann bei Veräusserung oder Vernichtung von Aktien im Umfang der Anschaffungswerte aufgehoben werden (OR 671a).

2902 Agioeinzahlungen
Hier kann das Agio verbucht werden, d.h. die Differenz zwischen dem Nennwert der ausgegebenen Aktien und dem erzielten Mehrerlös, abzüglich Ausgabekosten.
Das Agiokonto ist Teil der allgemeinen Reserve.
Die separate Erfassung der Agioeinzahlungen ermöglicht die Unterteilung in einbezahltes und erarbeitetes Eigenkapital.

2903 Aufwertungsreserve (OR 671b)
Grundsätzlich gilt auch im neuen Aktienrecht bei der Bewertung von Vermögensgegenständen des Anlagevermögens das Anschaffungskostenprinzip als obere Wertgrenze (OR 665).
Eine Ausnahme bildet die Bestimmung von OR 670, wonach eine **Aufwertung von Grundstücken und Beteiligungen** über die Anschaffungs- oder Herstellkosten hinaus, bis höchstens zum wirklichen Wert dann erlaubt ist, wenn die Hälfte des Aktienkapitals und der gesetzlichen Reserven infolge eines Bilanzverlustes nicht mehr gedeckt ist (OR 725). Der Aufwertungsbetrag ist gesondert als Aufwertungsreserve auszuweisen.
Die Aufwertung ist nur zulässig, wenn die Revisionsstelle zuhanden der Generalversammlung schriftlich bestätigt, dass die gesetzlichen Bestimmungen eingehalten sind.
Die Aufwertungsreserve kann gemäss OR 671b nur durch Umwandlung in Aktienkapital sowie durch Wiederabschreibung oder Veräusserung der aufgewerteten Aktiven aufgelöst werden.
Die Verbuchung der Aufwertungsreserve erfolgt erfolgsneutral direkt in der Bilanz:

Anlagekonto an Aufwertungsreserve

291.00 Andere Reserven

2910 Statutarische Reserven (OR 672)
Es sind darunter diejenigen Reserven zu verstehen, die aus dem Gewinn nach Massgabe der Statuten der Gesellschaft zu bilden sind.

2911   Reserve zu Wohlfahrtszwecken für Arbeitnehmer (OR 673)
Die Statuten können Reserven zur Gründung oder Unterstützung von Wohlfahrtseinrichtungen für Arbeitnehmer des Unternehmens vorsehen.

2912   Reserve zu Wiederbeschaffungszwecken (OR 674 Abs. 2)
Die Generalversammlung kann die Bildung von Reserven beschliessen, die im Gesetz und in den Statuten nicht vorgesehen sind oder über deren Anforderungen hinausgehen.
Dazu gehören Reserven, die zu Wiederbeschaffungszwecken gebildet werden.*

2913   Reserve für Dividendenausgleich (OR 674 Abs. 2)
Die Generalversammlung kann auch die Bildung von Reserven beschliessen, welche die Ausrichtung einer möglichst gleichmässigen Dividende zum Zweck hat.*

  * *Gemäss OR 669 können solche Reserven auch durch Beschluss des Verwaltungsrates gebildet werden, z.B. durch überhöhte Abschreibungen, Wertberichtigungen und Rückstellungen, was zu entsprechenden **stillen Reserven** führt. Dies ist gemäss OR 669 Abs. 3 durchaus zulässig, soweit die Reservebildung aus Rücksicht auf das dauernde Gedeihen des Unternehmens oder zur Ausrichtung einer möglichst gleichmässigen Dividende geschieht und im Interesse der Aktionäre liegt.*

2914   Arbeitsbeschaffungsreserve ABR
Bezüglich Zweck der ABR siehe Bemerkungen unter Konto 1411.
Vom jährlichen handelsrechtlichen Reingewinn dürfen höchstens 15 Prozent mindestens aber 10 000 Franken in die ABR eingelegt werden. Der zulässige Höchstbestand der ABR ist auf 20 Prozent der jährlichen Lohnsumme gemäss AHV-Gesetzgebung beschränkt. Der Bundesrat kann diesen Satz für besonders kapitalintensive Unternehmen auf 30 Prozent erhöhen. Entsprechende Gesuche sind an das Bundesamt für Konjunkturfragen zu richten.
Erreichen die ABR den Höchststand und sinkt in späteren Jahren die Lohnsumme, so müssen die den neuen Höchstbestand übersteigenden ABR nicht aufgelöst werden.

2915   Freie Reserven
Darunter sind grundsätzlich diejenigen Reserven zu verstehen, die weder auf einer gesetzlichen Grundlage beruhen, noch einer statutarischen Pflicht entsprechen, sondern durch freiwilligen Beschluss der Generalversammlung oder des Verwaltungsrates gebildet werden. Dabei kann es sich um offene oder stille Reserven handeln. Die offenen Reserven werden durch einen gesonderten Ausweis in der Bilanz unter den Passiven ersichtlich gemacht.

299.0 Bilanzgewinn/Bilanzverlust

2990 Gewinnvortrag/Verlustvortrag

2991 Jahresgewinn/Jahresverlust

Beim **Bilanzgewinn** handelt es sich um den für die Ausschüttung verfügbaren Gewinn, der sich aus dem Gewinnvortrag des Vorjahres und dem Jahresgewinn der Rechnungsperiode zusammensetzt.

Ein **Bilanzverlust** sollte als aktiver Berichtigungsposten hier und nicht unter den Aktiven ausgewiesen werden, da es sich um ein unechtes Aktivum (Scheinaktivum) handelt.

Der Ausweis unter den Aktiven ist zwar rechnerisch vertretbar, führt aber zu einer unerwünschten Aufblähung der Bilanzsumme und macht bei Bilanzanalysen eine Verrechnung des Bilanzverlustes mit dem Eigenkapital erforderlich.

Kommentar zu den Erfolgskonten

Die Erfolgsrechnung (OR 663)

Die Erfolgsrechnung ist die über eine bestimmte Periode (in der Regel ein Jahr) erstellte Gegenüberstellung von Ertrag und Aufwand eines Unternehmens und zeigt als Saldo den erzielten Erfolg des Unternehmens während der betreffenden Zeitspanne.

Nach OR 663 Abs. 1 hat die Erfolgsrechnung betriebliche, betriebsfremde und ausserordentliche Erträge und Aufwendungen auszuweisen.

Die Darstellung der Erfolgsrechnung erfolgt in der Regel in **Staffelform** nach dem **Gesamtkostenverfahren**.

Die Erfolgsrechnung wird in verschiedene **Stufen** aufgeteilt:

Die mehrstufige Erfolgsrechnung in Staffelform nach dem Gesamtkostenverfahren

> **Betriebsertrag** (Umsatz)
> – Aufwand für Material, Waren und Drittleistungen
> = **Bruttoergebnis 1**
> – Personalaufwand Produktion
> = **Bruttoergebnis 2**
> – Übriger Personalaufwand
> = **Bruttoergebnis 3**
> – Sonstiger Betriebsaufwand
> = **Betriebsergebnis 1** (vor Finanzerfolg)
> +/– Finanzerfolg
> = **Betriebsergebnis 2** (vor Abschreibungen)
> – Abschreibungen
> = **Betriebsergebnis 3** (vor Nebenerfolgen)
> +/– Betriebliche Nebenerfolge
> = **Betriebsergebnis 4**
> +/– Ausserordentlicher und betriebsfremder Erfolg
> = **Unternehmenserfolg vor Steuern**
> – Steuern (nur juristische Personen)
> = **Unternehmensgewinn/-verlust**

Dieser Grundsatz der **Mehrstufigkeit** liegt auch dem neuen Kontenrahmen für KMU in der Schweiz zugrunde.

Die Erfolgsrechnung umfasst die Kontenklassen 3 bis 8:

3   Betriebsertrag aus Lieferungen und Leistungen
4   Aufwand für Material,
**   Waren und Drittleistungen**
5   Personalaufwand
6   Sonstiger Betriebsaufwand
7   Betriebliche Nebenerfolge
8   Ausserordentlicher und betriebsfremder Erfolg,
**   Steuern**

3   Betriebsertrag aus Lieferungen und Leistungen
(OR 663/2)

Hier werden die Erträge aus der betrieblichen Leistungserstellung ausgewiesen.

Dabei wird unterteilt in folgende *Kontenhauptgruppen*:

30   Produktionsertrag
32   Handelsertrag
34   Dienstleistungsertrag
36   Übriger Ertrag
37   Eigenleistungen und Eigenverbrauch
38   Bestandesänderungen angefangene und fertiggestellte
**   Arbeiten**
39   Ertragsminderungen

Diese Unterteilung dient innerhalb des Unternehmens zur Abgrenzung von

> **Produktion**
> **Handel**
> **Dienstleistung**

Während früher im Bereich der KMU die Betriebe meist «artrein» einem dieser Bereiche zugeordnet werden konnten, brachte es die Diversifizierung mit sich, dass heute oftmals innerhalb des gleichen Unternehmens sowohl produziert, Handel mit zugekauften Produkten betrieben, wie auch Dienstleistungen für Kunden erbracht werden. Dieser Tatsache wurde beim Aufbau des neuen Kontenrahmens Rechnung getragen.

Die Unterscheidung in «Produktion, Handel und Dienstleistung» wird in den folgenden Kontenklassen konsequent vorgenommen:

    3 Betriebsertrag aus Lieferungen und Leistungen
    4 Aufwand für Material, Waren und Drittleistungen
    5 Personalaufwand

Die systematische Gliederung der Kontenhauptgruppen

30 Produktionsertrag	40 Materialaufwand	50 Personalaufwand Produktion
32 Handelsertrag	42 Handelswaren- aufwand	52 Personalaufwand Handel
34 Dienstleistungs- ertrag	44 Aufwand Dienstleistungen	54 Personalaufwand Dienstleistungen

---

Diese systematische Aufteilung ermöglicht die Ermittlung der **Bruttoergebnisse 1 und 2** aus «Produktion, Handel und Dienstleistung» nach folgendem Muster, wobei sich die zweistelligen Zahlen auf die entsprechenden Kontenhauptgruppen beziehen:

	Produktion	Handel	Dienstleistung
Betriebsertrag	30	32	34
– Aufwand für Material, Waren und Drittleistungen/ Dienstleistungen	40	42	44
= Bruttoergebnis 1			
– Personalaufwand	50	52	54
= Bruttoergebnis 2			

Um dem Anwender die grösstmögliche Flexibilität bei der Ausgestaltung des Rechnungswesens zu gewähren, können

    Bestandesänderungen angefangener und fertiger Arbeiten
    Ertragsminderungen

auf Stufe Konto, Kontengruppe oder Kontenhauptgruppe erfasst werden, z.B.

Konto	*Stufe*
3008 Bestandesänderungen 3009 Ertragsminderungen	Stufe Konto 3008/3009
3080 Bestandesänderungen 3090 Ertragsminderungen	**Stufe Kontengruppe 308/309**
3800 Bestandesänderungen 3900 Ertragsminderungen	**Stufe Kontenhauptgruppe 38/39**

Der Anwender entscheidet, welche Form den Anforderungen seines Rechnungswesens am besten entspricht.

Kleinere Unternehmen werden in der Regel die Ertragsminderungen und die Bestandesänderungen angefangener und fertiger Arbeiten eher zusammengefasst für die gesamte Unternehmenstätigkeit ausweisen (z.B. auf Konto 3800 oder 3900), da die Aufteilung auf Produktion, Handel und Dienstleistung oder gar auf die einzelnen erbrachten Leistungen mit einem unverhältnismässig hohen Erfassungsaufwand verbunden ist.

Eine Aufteilung der Erträge nach **Mehrwertsteuer-Sätzen** ist nur bei Verbuchung nach der Brutto-Methode notwendig. Bei Anwendung der Netto-Methode wird der Ertrag in der Buchhaltung stets ohne Mehrwertsteuer ausgewiesen, womit eine Aufteilung der Erträge nach Mehrwertsteuer-Sätzen entfällt. Vergleiche dazu die Bemerkungen in den «Hinweisen für den Benutzer».

30   Produktionsertrag

Es ist der Ertrag für Verkäufe selbsthergestellter Produkte.

Der Produktionsertrag kann in verschiedene **Bereiche** aufgeteilt werden. Unter dem Begriff «Bereich» können je nach Bedarf in den einzelnen Unternehmen verschiedenartige Unterteilungen gemacht werden, z.B.

> Produktegruppen
> Betriebszweige
> Geographische Unterteilungen, z.B. nach Absatzgebieten
> Unterteilungen nach Kostenträgergruppen
> usw.

300   Produktionsertrag Bereich A
Der Anwender ist bei der Wahl der Konten und deren Bezeichnung grundsätzlich frei, z.B.

3000	Bruttoertrag Produkt X ⎫ Ertrag vor Erlösminderung
3001	Bruttoertrag Produkt Y ⎭

oder

3000   Bruttoertrag Barverkäufe
3001   Bruttoertrag Kreditverkäufe Detail
3002   Bruttoertrag Kreditverkäufe Engros

oder

3000   Bruttoertrag MWST Normalsatz
3001   Bruttoertrag MWST Reduzierter Satz
3002   Bruttoertrag MWST Nullsatz mit Vorsteuerabzug
3003   Bruttoertrag MWST Nullsatz ohne Vorsteuerabzug
3007   Bruttoertrag aus Nebenleistungen (z.B. Porto und Verpackung)
3008   Bestandesänderungen angefangene und fertige Arbeiten (evtl. unter Gruppe 308 oder Hauptgruppe 38)
3009   Ertragsminderungen (evtl. unter Gruppe 309 oder Hauptgruppe 39)

301   Produktionsertrag Bereich B

302   Produktionsertrag Bereich C

305 Produktionsertrag aus Leistungen an Konzerngesellschaften

Der separate Ausweis der Umsätze aus Leistungen an Tochtergesellschaften des Konzerns erfolgt in Anlehnung an den gesonderten Ausweis der Forderungen und Verbindlichkeiten gegenüber Gesellschaften des Konzerns nach OR 663a Abs. 4.

308 Bestandesänderungen angefangene und fertige Arbeiten Produktion

Sollen die Bestandesänderungen angefangener und fertiggestellter Arbeiten nicht auf der Stufe «Bereich» (Konto 3008) ausgewiesen werden, so können sie hier für den gesamten Produktionsertrag zusammengefasst werden, z.B.

3080 Bestandesänderungen angefangene Arbeiten Produktion
3081 Bestandesänderungen fertige Arbeiten Produktion

309 Ertragsminderungen Produktion

Sollen die Ertragsminderungen aus der Produktion nicht auf der Stufe «Bereich» (Konto 3009) ausgewiesen werden, so können sie hier für den gesamten Produktionsertrag z.B. wie folgt verbucht werden:

3090 Skonti*
3091 Rabatte und Preisnachlässe
3092 Umsatzvergütungen
3093 Provisionen an Dritte
3094 Inkassospesen (bei Betreibungen evtl. Konto 6701)
3095 Verluste aus Forderungen (evtl. Konto 8015,
          falls der Verlust ausserordentlich hoch ausfällt)
3096 Kursdifferenzen (evtl. 8003 bzw. 8013)
3097 Frachten, Porti (evtl. Konto 6280 als Aufwand)
3098 frei

  * *Werden gewährte **Kundenskonti** als Teil des Finanzaufwandes betrachtet, so sind sie auf Konto 6845 zu erfassen.*

32 Handelsertrag

Der Handelsertrag ist der Ertrag aus dem Verkauf von Handelswaren.

Handelswaren sind Artikel, die zugekauft und in meist unverändertem Zustand, mit einer Verkaufsmarge, an die Kunden weiterveräussert werden.

Der Handelsertrag kann in verschiedene **Bereiche** aufgeteilt werden. Unter dem Begriff «Bereich» können je nach Bedarf in den einzelnen Unternehmen verschiedenartige Unterteilungen gemacht werden, z.B.

Produktegruppen
Betriebszweige
Geographische Unterteilungen, z.B. nach Absatzgebieten
Unterteilungen nach Kostenträgergruppen
usw.

KONTENRAHMENKMU   **145**

320 Handelsertrag Bereich A

Der Anwender ist bei der Wahl der Konten und deren Bezeichnung grundsätzlich frei, z.B.

3200 Bruttoertrag Artikel X ⎫
3201 Bruttoertrag Artikel Y ⎬ Ertrag vor Erlösminderung

oder

3200 Bruttoertrag Barverkäufe
3201 Bruttoertrag Kreditverkäufe Detail
3202 Bruttoertrag Kreditverkäufe Engros

oder

3200 Bruttoertrag MWST Normalsatz
3201 Bruttoertrag MWST Reduzierter Satz
3202 Bruttoertrag MWST Nullsatz mit Vorsteuerabzug
3203 Bruttoertrag MWST Nullsatz ohne Vorsteuerabzug
3207 Bruttoertrag aus Nebenleistungen (z.B. Porto und Verpackung)
3209 Ertragsminderungen (evtl. unter Gruppe 329 oder Hauptgruppe 39)

321 Handelsertrag Bereich B

322 Handelsertrag Bereich C

325 Handelsertrag aus Leistungen an Konzerngesellschaften

Der separate Ausweis der Umsätze aus Leistungen an Tochtergesellschaften des Konzerns erfolgt in Anlehnung an den gesonderten Ausweis der Forderungen und Verbindlichkeiten gegenüber Gesellschaften des Konzerns nach OR 663a Abs. 4.

329 Ertragsminderungen Handel

Sollen die Ertragsminderungen aus dem Handel nicht auf der Stufe «Bereich» (Konto 3209) ausgewiesen werden, so können sie hier für den gesamten Handelsertrag z.B. wie folgt verbucht werden:

3290 Skonti*
3291 Rabatte und Preisnachlässe
3292 Umsatzrückvergütungen
3293 Provisionen an Dritte
3294 Inkassospesen (für Betreibungen evtl. Konto 6701)
3295 Verluste aus Forderungen (evtl. Konto 8015,
       falls der Verlust ausserordentlich hoch ausfällt)
3296 Kursdifferenzen (evtl. 8003 bzw. 8013)
3297 Frachten, Porti (evtl. 6280 als Aufwand)
3298 frei

*Werden gewährte **Kundenskonti** als Teil des Finanzaufwandes betrachtet, so sind sie auf Konto 6845 zu erfassen.*

34   Dienstleistungsertrag

Es ist derjenige Ertrag, der aus dem Erbringen von Dienstleistungen für Kunden erzielt wird. Darunter sind vor allem Arbeiten zu verstehen, bei denen keine gegenständlichen Produkte erstellt werden.

Zu den Dienstleistungsunternehmen zählen u. a. Architekten, Ingenieure, Treuhandunternehmen, Anlageberater, Immobilienhändler und -verwalter, Schulungsinstitute, Softwareunternehmen, Reisebüros, Carunternehmen, Spediteure, Lagerhäuser, Transportunternehmen, Leasingfirmen, Schulungsunternehmen, Personalvermittlungsbüros, Inkassobüros, Werbe- und Marketingunternehmen, medizinische und zahntechnische Labors, Coiffeure, Kosmetikbetriebe, Reinigungsinstitute, Kinos, Theater, Konzertagenturen usw.

Gemäss Definition in der MWSTV (Art. 6) gilt als Dienstleistung jede Leistung, die keine Lieferung eines Gegenstandes ist.

Es ist durchaus möglich, dass ein Produktionsbetrieb auch Dienstleistungen erbringt, indem z.B. eine Heizungsfirma wärmetechnische Gutachten erstellt oder ein Fabrikationsbetrieb, welcher technische Anlagen herstellt, Kurse zur Bedienung dieser Geräte anbietet.

Der Dienstleistungsertrag kann in verschiedene **Bereiche** aufgeteilt werden. Unter dem Begriff «Bereich» können je nach Bedarf in den einzelnen Unternehmungen verschiedenartige Unterteilungen vorgenommen werden, z.B.

> Dienstleistungsbereiche
> Betriebszweige
> Geographische Unterteilungen, z.B. nach Absatzgebieten
> Unterteilungen nach Kostenträgergruppen
> usw.

340   Dienstleistungsertrag Bereich A
Der Anwender ist bei der Wahl der Konten und deren Bezeichnung grundsätzlich frei, z.B.

3400   Bruttoertrag Dienstleistung X ⎫ Ertrag vor Erlösminderung
3401   Bruttoertrag Dienstleistung Y ⎭

oder

3400   Bruttoertrag Bargeschäft
3401   Bruttoertrag Kreditgeschäft

oder

3400   Bruttoertrag MWST Normalsatz
3401   Bruttoertrag MWST Reduzierter Satz*
3402   Bruttoertrag MWST Nullsatz mit Vorsteuerabzug
3403   Bruttoertrag MWST Nullsatz ohne Vorsteuerabzug

Ab 1. 10. 1996 gilt ein Sondersatz für das Beherbergungsgewerbe

KONTENRAHMENKMU ▬▬▬▬▬▬▬▬▬▬ **147**

3407 Bruttoertrag aus Nebenleistungen (z.B. Porti usw.)

3408 Bestandesänderungen angefangene und fertige Arbeiten
(evtl. unter Gruppe 348 oder Hauptgruppe 38)

3409 Ertragsminderungen (evtl. unter Gruppe 349 oder Hauptgruppe 39)

341 Dienstleistungsertrag Bereich B

342 Dienstleistungsertrag Bereich C

345 Dienstleistungsertrag aus Lieferungen an Konzerngesellschaften
Der separate Ausweis der Umsätze aus Leistungen an Tochtergesellschaften des Konzerns erfolgt in Anlehnung an den gesonderten Ausweis der Forderungen und Verbindlichkeiten gegenüber Gesellschaften
des Konzerns nach OR 663a Abs. 4.

348 Bestandesänderungen angefangene und fertiggestellte Dienstleistungen
Sollen die Bestandesänderungen angefangener und fertiggestellter
Dienstleistungen nicht auf der Stufe «Bereich» (Konto 3408) ausgewiesen werden, so können sie hier für den gesamten Dienstleistungsertrag
zusammengefasst werden, z.B.

3480 Bestandesänderungen angefangene Dienstleistungen

3481 Bestandesänderungen fertiggestellte Dienstleistungen

349 Ertragsminderungen Dienstleistungen
Sollen die Ertragsminderungen aus Dienstleistungen nicht auf der Stufe
«Bereich» (Konto 3409) ausgewiesen werden, so können sie hier für
den gesamten Dienstleistungsertrag z.B. wie folgt verbucht werden:

3490 Skonti*

3491 Rabatte und Preisnachlässe

3492 Umsatzvergütungen

3493 Provisionen an Dritte

3494 Inkassospesen (bei Betreibungen evtl. Konto 6701)

3495 Verluste aus Forderungen (evtl. Konto 8015,
falls der Verlust ausserordentlich hoch ausfällt)

3496 Kursdifferenzen (evtl. 8003 bei ausserordentlichen Währungsgewinnen
bzw. 8013 bei ausserordentlichen Währungsverlusten)

3497 Porti

* *Werden gewährte **Kundenskonti** als Teil des Finanzaufwandes betrachtet, so sind sie auf Konto 6845 zu erfassen.*

36   Übriger Ertrag

Darunter ist derjenige Ertrag aus betrieblicher Tätigkeit zu verstehen, der nicht direkt mit der Produktion, dem Handel oder der Dienstleistungstätigkeit im Zusammenhang steht.

360   Nebenertrag aus Lieferung und Leistung
Dazu zählen z.B. Direktverkäufe von Rohmaterialien, Hilfsmaterialien, Abfällen, Ertrag aus Nebenarbeiten usw.

361   Erträge aus Lizenzen, Patenten usw.
Hier können Erträge aus Lizenzen, Patenten, Konzessionen, Nutzungsrechten, Markenrechten usw. verbucht werden.

365   Übriger Ertrag aus Leistungen an Konzerngesellschaften
siehe Bemerkungen unter 305, 325 und 345.

367   Ertrag aus Personalausleihung
Hier sind die Erträge zu verbuchen, die aus der Ausleihung von Mitarbeitern an andere Unternehmen erzielt werden.
Eventuell auch als Aufwandminderung unter dem Personalaufwand (Konten 5006, 5206, 5406, 5606).

368   Sonstiger Ertrag aus Lieferungen und Leistungen
Dazu gehören z.B. Erträge für Expertisen und aus Lehrtätigkeit, die vom Firmeninhaber/in oder von Mitarbeiter/innen des Unternehmens auf Rechnung der Firma ausgeführt werden (evtl. auf Gruppe 870, wenn betriebsfremd).

369   Ertragsminderungen auf übrigem Ertrag
Sollen die Ertragsminderungen auf dem übrigen Ertrag nicht auf der Stufe «Kontengruppe» (Konten 3609, 3619) ausgewiesen werden, so können sie hier für den gesamten übrigen Ertrag zusammengefasst verbucht werden.

*Werden gewährte **Kundenskonti** als Teil des Finanzaufwandes betrachtet, so sind sie auf Konto 6845 zu erfassen.*

37   Eigenleistungen und Eigenverbrauch

370   Eigenleistungen
Eigenleistungen sind Arbeiten, die im Unternehmen für eigene Verwendungszwecke ausgeführt werden. Dabei können z.B. Gegenstände des Anlagevermögens zum Eigengebrauch hergestellt oder repariert werden.

371 – 374 Eigenverbrauch
Als Eigenverbrauch bezeichnet man die Entnahme von Leistungen aus dem Unternehmen z.B. für die privaten Bedürfnisse des Betriebsinhabers und dessen Familie.

Die Steuerbehörde publiziert im Merkblatt N 1 «Naturalbezüge Selbständigerwerbender» periodisch die Ansätze für solche **Naturalbezüge** aus dem eigenen Betrieb, die mit dem Betrag anzurechnen sind, der für diese Leistungen ausserhalb des Geschäftes zu bezahlen wären (Marktwert).

38 Bestandesänderungen angefangene und fertiggestellte Arbeiten aus Produktion und Dienstleistung

Sollen die Bestandesänderungen angefangener Arbeiten weder auf der Stufe «Bereich» (Konten 3008, 3408) noch auf der Stufe «Kontengruppe» (308, 348) ausgewiesen werden, so können sie hier auf den entsprechenden Konten der Stufe «Kontenhauptgruppe» für den gesamten Ertrag aus Produktion, Handel und Dienstleistung zusammengefasst ausgewiesen werden, z.B.

3800 Bestandesänderungen angefangene Arbeiten Produktion
3801 Bestandesänderungen fertige Arbeiten Produktion
3840 Bestandesänderungen angefangene Dienstleistungen
3841 Bestandesänderungen fertiggestellte Dienstleistungen

39 Ertragsminderungen aus Produktion, Handel und Dienstleistung

Sollen die Ertragsminderungen aus Produktion, Handel und Dienstleistung weder auf der Stufe «Bereich» (Konten 3009, 3209, 3409) noch auf der Stufe «Kontengruppe» (309 Produktion, 329 Handel, 349 Dienstleistungen) ausgewiesen werden, so können sie hier auf den entsprechenden Konten der Stufe «Kontenhauptgruppe» für den gesamten Ertrag aus Produktion, Handel und Dienstleistung zusammengefasst ausgewiesen werden, z.B.

3900 Skonti*
3901 Rabatte und Preisnachlässe
3902 Umsatzvergütungen
3903 Provisionen an Dritte
3904 Inkassospesen (Betreibungen evtl. auf Konto 6701)
3905 Verluste aus Forderungen (evtl. auf Konto 8015,
     falls Verlust ausserordentlich hoch)
3906 Kursdifferenzen (evtl. auf Konto 8003 bei ausserordentlichen Währungsgewinnen bzw. 8013 bei ausserordentlichen Währungsverlusten)
3907 Frachten, Porti (evtl. auf Konto 6280 als Aufwand)
3908 Zoll

   * *Werden gewährte **Kundenskonti** als Teil des Finanzaufwandes betrachtet, so sind sie auf Konto 6845 zu erfassen.*

4 Aufwand für Material, Waren und Drittleistungen

(OR 663 Abs. 3)

Das Aktienrecht stellt Mindestanforderungen an die Gliederung der Erfolgsrechnung in OR 663. Gemäss Abs. 3 ist der Material- und Warenaufwand gesondert auszuweisen.

Bei Produktions- und Handelsbetrieben stellt der Material- und Warenaufwand einen bedeutenden Aufwandposten dar, weshalb es sich rechtfertigt, im neuen Kontenrahmen dafür eine eigene Kontenklasse zu schaffen.

Unter **Materialaufwand** sind die verwendeten Roh-, Hilfs- und Betriebsstoffe zu verstehen, die bei der Erstellung der Betriebsleistung in das Produkt eingehen bzw. verbraucht werden.

Unter **Warenaufwand** versteht man den Einstandspreis der verkauften Waren.

Zur gleichen Gruppe gehören die **Drittleistungen** oder auch **Fremdleistungen**. Es sind Arbeitsleistungen Dritter, die zur Erstellung der Betriebsleistung in Anspruch genommen werden.

Der **Energieaufwand** zur Leistungserstellung ist als Teil des Materialaufwandes hier zu erfassen, wenn der Energieverbrauch mit der Leistungserstellung in einem direkt messbaren Zusammenhang steht.

Der Aufwand für Material, Waren und Drittleistungen wird in folgende *Hauptgruppen* gegliedert:

40 Materialaufwand
42 Handelswarenaufwand
44 Aufwand für Drittleistungen (Dienstleistungen)
45 Energieaufwand zur Leistungserstellung
46 Übriger Aufwand
47 Direkte Einkaufsspesen
48 Bestandesveränderungen, Material- und Warenverluste
49 Aufwandminderungen

Analog der Kontenklasse 3 «Betriebsertrag aus Lieferungen und Leistungen» wird auch in der Kontenklasse 4 die Unterteilung des Material- und Warenaufwandes vorgenommen auf

> **Produktion**
> **Handel**
> **Dienstleistung**

Auch beim Material- und Warenaufwand lässt der Kontenrahmen KMU dem Anwender viel Gestaltungsraum.

So können **direkte Einkaufsspesen, Bestandesveränderungen** und **Aufwandminderungen** auf der Stufe Konto, Kontengruppe oder Kontenhauptgruppe erfasst werden, z.B.

Konto		Stufe
4007	Direkte Einkaufsspesen	
4008	Bestandesveränderungen	Auf der Stufe Konto 4007/4008/4009
4009	Aufwandminderungen	
4070	Direkte Einkaufsspesen	
4080	Bestandesveränderungen	**Auf der Stufe Kontengruppe 407/408/409**
4090	Aufwandminderungen	
4700	Direkte Einkaufsspesen	
4800	Bestandesveränderungen	**Auf der Stufe Kontenhauptgruppe 47/48/49**
4900	Aufwandminderungen	

Der Anwender entscheidet, welche Form den Anforderungen seines Rechnungswesens am besten entspricht.

Kleinere Unternehmen werden in der Regel die direkten Einkaufsspesen, die Bestandesänderungen, die Material- und Warenverluste sowie die Aufwandminderungen eher zusammengefasst für die gesamte Unternehmenstätigkeit ausweisen (z.B. auf Konto 4700, 4800, 4900), da die Aufteilung auf Produktion, Handel und Dienstleistung oder gar auf die einzelnen erbrachten Leistungen mit einem unverhältnismässig hohen Erfassungsaufwand verbunden ist.

Eine Aufteilung des Aufwandes für Material, Waren und Drittleistungen nach **Mehrwertsteuer-Sätzen** ist nur bei Verbuchung nach der Brutto-Methode notwendig.

Bei Anwendung der Netto-Methode wird der Aufwand in der Buchhaltung stets ohne Mehrwertsteuer ausgewiesen, womit eine Aufteilung der Aufwendungen nach Mehrwertsteuer-Sätzen entfällt. Vergleiche dazu die Bemerkungen in den «Hinweisen für den Benutzer».

40   Materialaufwand

Der Materialaufwand umfasst Rohstoffe, Werkstoffe, Apparate, Bestand- und Zubehörteile usw., die bei der Herstellung in das Produkt eingehen, sowie Hilfs- und Verbrauchsmaterial, welches bei der Herstellung oder beim Verkauf des Produktes verbraucht werden, ohne dass sie in dieses eingehen (z.B. Schmier- und Schleifmittel, Folien, Verpackungsmaterialien usw.).

Analog der Kontenklasse 3 «Betriebsertrag aus Lieferungen und Leistungen» kann auch der Materialaufwand in verschiedene **Bereiche** aufgeteilt werden. Unter dem Begriff «Bereich» können je nach Bedarf in den einzelnen Unternehmen verschiedenartige Unterteilungen gemacht werden, die in der Regel denjenigen des Betriebsertrages gemäss Kontenklasse 3 entsprechen, z.B.

Produktegruppen
Betriebszweige
Geographische Unterteilungen, z.B. nach Absatzgebieten
Unterteilungen nach Kostenträgergruppen
usw.

400   Materialaufwand Bereich A
Der Anwender stimmt die Wahl der Konten und deren Bezeichnung auf die Anforderungen des Betriebes und dessen Rechnungswesen ab, z.B.

4000   Materialeinkauf Produkt X
4001   Materialeinkauf Produkt Y

oder

4000   Einkauf von Apparaten
4001   Einkauf von Bestandteilen
4002   Einkauf von Zubehörteilen
4003   Einkauf sonstiger Werkstoffe
4004   Einkauf von Hilfs- und Verbrauchsmaterial
4005   Einkauf von Verpackungsmaterial

oder

4000   Materialeinkauf MWST Normalsatz
4001   Materialeinkauf MWST Reduzierter Satz
4002   Materialeinkauf ohne Anspruch auf Vorsteuerabzug
4005   Einkauf von Verpackungsmaterial
4006   Fremdarbeiten (Dritter)
4007   Direkte Einkaufsspesen (evtl. 407 oder 47)
4008   Bestandesveränderungen (evtl. 408 oder 48)
4009   Einkaufspreisminderungen (evtl. 409 oder 49)

*Werden beanspruchte **Skonti von Lieferanten** als Teil des Finanzertrages betrachtet, so sind sie auf Konto 6895 zu erfassen.*

401   Materialaufwand Bereich B

402   Materialaufwand Bereich C

406   Fremdarbeiten
Darunter sind Arbeitsleistungen Dritter zu verstehen, die zur Erstellung der Betriebsleistung in Anspruch genommen werden.
Ist die Drittleistung besonders arbeitsintensiv und sind darin keine Materialien enthalten, so können die Fremdarbeiten auch unter dem Personalaufwand (5009, 509 oder 59) ausgewiesen werden.

407   Direkte Einkaufsspesen
Sollen die direkten Einkaufsspesen nicht einzeln auf der Stufe «Bereich» (Konto 4007) ausgewiesen werden, so können sie hier für alle Bereiche zusammengefasst werden, z.B.

KONTENRAHMENKMU

4070	Eingangsfrachten	
4071	Einfuhrzölle	} Evtl. als Aufwand auf Konto 6281
4072	Eingangsspedition	

408 Bestandesveränderungen, Materialverluste

Sollen die **Bestandesveränderungen** nicht einzeln auf der Stufe «Bereich» (Konto 4008) ausgewiesen werden, so können sie hier für alle Bereiche zusammengefasst werden. Dasselbe gilt für **Materialverluste**, welche ebenso hier erfasst werden, z.B.

4080	Bestandesveränderungen Bereich A
4081	Bestandesveränderungen Bereich B
4082	Bestandesveränderungen Bereich C
4086	Materialverluste Bereich A
4087	Materialverluste Bereich B
4088	Materialverluste Bereich C

409 Einkaufspreisminderungen Produktion

Sollen die Einkaufspreisminderungen nicht einzeln auf der Stufe «Bereich» (Konto 4009) ausgewiesen werden, so können sie hier für alle Bereiche zusammengefasst werden z.B.

4090	Skonti*
4091	Rabatte und Preisnachlässe
4092	Umsatzrückvergütungen
4093	Einkaufsprovisionen
4096	Kursdifferenzen

* *Werden beanspruchte **Skonti von Lieferanten** als Teil des Finanzertrages betrachtet, so sind sie auf Konto 6895 zu erfassen.*

42 Handelswarenaufwand

Es ist der Einstandspreis der zugekauften Handelswaren, die in meist unverändertem Zustand mit einer Verkaufsmarge an die Kunden weiterveräussert werden.

Auch der Handelswarenaufwand kann analog der Kontenklasse 3 «Betriebsertrag aus Lieferungen und Leistungen» in verschiedene **Bereiche** aufgeteilt werden. Unter dem Begriff «Bereich» können je nach Bedarf in den einzelnen Unternehmen verschiedenartige Unterteilungen gemacht werden, die in der Regel denjenigen des Betriebsertrages gemäss Kontenklasse 3 entsprechen, z.B.

> Produktegruppen
> Betriebszweige
> Geographische Unterteilungen, z.B. nach Absatzgebieten
> Unterteilungen nach Kostenträgergruppen
> usw.

420 Handelswarenaufwand Bereich A

Der Anwender stimmt die Wahl der Konten und deren Bezeichnung auf die Anforderungen des Betriebes und dessen Rechnungswesen ab, z.B.

4200	Handelswareneinkauf Artikel X
4201	Handelswareneinkauf Artikel Y

oder

4200	Handelswareneinkauf MWST Normalsatz
4201	Handelswareneinkauf MWST Reduzierter Satz
4202	Handelswareneinkauf ohne Anspruch auf Vorsteuerabzug
4205	Einkauf von Verpackungsmaterial
4207	Einkaufsspesen (evtl. 427 oder 47)
4208	Bestandesveränderungen (evtl. 428 oder 48)
4209	Einkaufspreisminderungen (evtl. 429 oder 49)

*Werden beanspruchte **Skonti von Lieferanten** als Teil des Finanzertrages betrachtet, so sind sie auf Konto 6895 zu erfassen.*

421 Handelswarenaufwand Bereich B

422 Handelswarenaufwand Bereich C

427 Direkte Einkaufsspesen Handel

Sollen die direkten Einkaufsspesen nicht einzeln auf der Stufe «Bereich» (Konto 4207) ausgewiesen werden, so können sie hier für den gesamten Handelswarenaufwand zusammengefasst werden, z.B.

4270	Eingangsfrachten	
4271	Einfuhrzölle	Als Aufwand evtl. auf Konto 6281
4272	Eingangsspedition	

428 Bestandesveränderungen und Warenverluste Handelswaren

Sollen die **Bestandesveränderungen** nicht einzeln auf der Stufe «Bereich» (Konto 4208) ausgewiesen werden, so können sie hier für alle Bereiche zusammengefasst werden. Dasselbe gilt für **Warenverluste,** welche ebenso hier erfasst werden, z.B.

4280	Bestandesveränderungen Handelswaren Bereich A
4281	Bestandesveränderungen Handelswaren Bereich B
4282	Bestandesveränderungen Handelswaren Bereich C
4286	Warenverluste Handelswaren Bereich A
4287	Warenverluste Handelswaren Bereich B
4288	Warenverluste Handelswaren Bereich C

429 Einkaufspreisminderungen Handel

Sollen die Einkaufspreisminderungen nicht einzeln auf der Stufe «Bereich» (Konto 4209) ausgewiesen werden, so können sie hier für den gesamten Handelswarenaufwand zusammengefasst werden, z.B.

4290 Skonti*
4291 Rabatte und Preisnachlässe
4292 Umsatzrückvergütungen
4293 Einkaufsprovisionen
4296 Kursdifferenzen

*Werden beanspruchte **Skonti von Lieferanten** als Teil des Finanz-erfolges betrachtet, so sind sie auf Konto 6895 zu erfassen.*

44 Aufwand für Drittleistungen (Dienstleistungen)

Gemäss Aufbau des Kontenrahmens ist hier der Aufwand für **Drittleistungen von Dienstleistungsbetrieben** auszuweisen. Darunter sind Fremdleistungen Dritter zu verstehen, die zur Leistungserstellung in Anspruch genommen werden.

> Beispiele:
> Ein Architekt erstellt für ein Treuhandunternehmen ein separates Bewertungsgutachten für eine Geschäftsliegenschaft im Rahmen einer Unternehmensbewertung.
>
> Ein Softwareunternehmen lässt durch einen externen Spezialisten bestimmte Programmteile entwickeln.

Wenn infolge besonderen Arbeitsanfalles fremdes Personal (z.B. **temporäre Arbeitskräfte**) beschäftigt werden, so ist dieser Aufwand unter dem Personalaufwand (549 oder 59) zu verbuchen.

Analog der Kontenklasse 3 «Betriebsertrag aus Lieferungen und Leistungen» kann auch der Aufwand für Drittleistungen in verschiedene **Bereiche** eingeteilt werden. Unter dem Begriff «Bereich» können je nach Bedarf in den einzelnen Unternehmen verschiedenartige Unterteilungen gemacht werden, die in der Regel denjenigen des Betriebsertrages gemäss Kontenklasse 3 entsprechen, z.B.

> Dienstleistungsgruppen
> Betriebszweige
> Geographische Unterteilungen, z.B. nach Absatzgebieten
> Unterteilungen nach Kostenträgergruppen
> usw.

440 Aufwand für Drittleistungen Bereich A
Der Anwender stimmt die Wahl der Konten und deren Bezeichnung auf die Anforderungen des Betriebes und dessen Rechnungswesen ab, z.B.

4400 Aufwand für Drittleistungen Dienstleistung X
4401 Aufwand für Drittleistungen Dienstleistung Y
4409 Aufwandminderungen (evtl. 449 oder 49)

*Werden beanspruchte **Skonti** als Teil des Finanzertrages betrachtet, so sind sie auf Konto 6895 zu erfassen.*

441 Aufwand für Drittleistungen Bereich B

442 Aufwand für Drittleistungen Bereich C

447 Direkte Spesen für Drittleistungen
Sollen die direkten Spesen für Drittleistungen (Einfuhrzölle, Eingangs-spedition usw.) nicht einzeln auf der Stufe «Bereich» (Konto 4407) aus-gewiesen werden, so können sie hier für alle Bereiche zusammenge-fasst werden, z.B.

4470 Einfuhrzölle	
4471 Eingangsspedition	} Evtl. als Aufwand auf Konto 6281

449 Aufwandminderungen für Drittleistungen (Dienstleistungen)
Sollen die Aufwandminderungen nicht einzeln auf der Stufe «Bereich» (Konto 4409) ausgewiesen werden, so können sie hier für den gesamten Aufwand für Drittleistungen zusammengefasst verbucht werden, z.B.

4490 Skonti*
4491 Rabatte und Preisnachlässe
4492 Umsatzvergütungen
4493 Einkaufsprovisionen
4496 Kursdifferenzen

* *Werden beanspruchte **Skonti** als Teil des Finanzertrages betrachtet, so sind sie auf Konto 6895 zu erfassen.*

45 Energieaufwand zur Leistungserstellung

Stellt der Energieverbrauch ein bedeutender Aufwandfaktor der Leistungs-erstellung dar und kann er der Betriebsleistung direkt verrechnet werden, so ist der **Energieaufwand als Teil des Materialaufwandes** zu erfassen (z.B. der Energieaufwand einer Giesserei, der Treibstoffaufwand eines Transport- oder Taxiunternehmens, der Wasserverbrauch einer Autolavage usw.). Unternehmen, deren Energieaufwand dagegen nicht in direkt messbarem Zusammenhang mit der Leistungserstellung steht, verbuchen ihre diesbezüglichen Aufwendungen als sonstigen Betriebsaufwand in der Hauptgruppe 64 «Energieaufwand». Dies gilt z.B. auch für Produktionsbetriebe, die zur Leistungserstellung nicht überdurchschnittlich viel Energie verbrauchen und deren Energieverbrauch wertmässig nicht direkt der erstellten Leistung belastet werden kann (z.B. Spenglerei, Schreinerei, Zimmerei, Dachdeckerei, Malerei, Gipserei, Druckerei, mechanische Werkstätten usw.) sowie für die meisten Handels- und Dienst-leistungsunternehmen.

450   Elektrizität

Dazu gehören sämtliche Strombezüge des Unternehmens (z.B. Wärme- und Kraftstrom), welche direkt mit der Leistungserstellung in Zusammenhang stehen.

Elektrizität, welche der erstellten Leistung nicht direkt zugeschlagen werden kann, ist unter 640.0 zu erfassen.

451   Gas

Dazu gehören Gasbezüge in allen Formen, z.B. Erdgas sowie Flüssiggas in Flaschen, welche direkt mit der Leistungserstellung in Zusammenhang stehen.

Gas, welches der erstellten Leistung nicht direkt zugeschlagen werden kann, ist unter 641.0 zu erfassen.

452   Brennstoffe

Dazu zählt der Verbrauch von fossilen Brennstoffen aller Art (z.B. Heizöl, Kohle, Briketts und Holz), welcher direkt mit der Leistungserstellung in Zusammenhang steht.

Brennstoffe, welche der erstellten Leistung nicht direkt zugeschlagen werden können, sind unter 642.0 zu erfassen.

453   Betriebsstoffe

Unternehmen, deren Betriebsstoffverbrauch ein bedeutender Aufwandfaktor der Leistungserstellung darstellt und mit dieser in direktem Zusammenhang steht (z.B. Taxi- und Transportunternehmen, Entsorgungsbetriebe, Carunternehmen usw.), erfassen hier ihre Aufwendungen für Betriebsstoffe, wie z.B. Benzin, Diesel, Öl usw.

Die anderen Unternehmen buchen den Betriebsstoffverbrauch als Teil des Fahrzeugaufwandes unter 621.0.

454   Wasser

Unternehmen, bei denen der Wasserverbrauch in direktem Zusammenhang mit der Leistungserstellung steht (z.B. Autolavagen, öffentliche Schwimmbäder und Saunen, produzierende Gärtnereien, Baumschulen usw.) erfassen hier den Aufwand für ihre Frischwasserbezüge.

Die anderen Unternehmen buchen diesen Aufwand unter 643.0.

46   Übriger Aufwand

Hier kann der übrige Aufwand für Material, Waren und Drittleistungen geführt werden, z.B. separate Erfassung von Hilfs- und Verbrauchsmaterial- oder Verpackungsmaterialaufwand bei teuren Spezialverpackungen usw.

47 Direkte Einkaufsspesen

Sollen die direkten Einkaufsspesen weder auf der Stufe «Bereich» (Konten 4007, 4207 und 4407) noch auf der Stufe «Kontengruppe» (Gruppen 407, 427 und 447) ausgewiesen werden, so können sie hier auf den entsprechenden Konten der Stufe «Kontenhauptgruppe» für den gesamten Aufwand für Material, Waren und Drittleistungen zusammengefasst verbucht werden, z.B.

4700	Eingangsfrachten	
4701	Einfuhrzölle	Als Aufwand evtl. auf Konto 6281
4702	Eingangsspedition	

48 Bestandesveränderungen Material- und Warenverluste

Sollen die **Bestandesveränderungen** aus Produktion und Handel weder auf der Stufe «Bereich» (Konten 4008 und 4208) noch auf der Stufe «Kontengruppe» (Gruppen 408 und 428) ausgewiesen werden, so können sie hier auf den entsprechenden Konten der Stufe «Kontenhauptgruppe» für den gesamten Material- und Warenaufwand zusammengefasst verbucht werden. Dasselbe gilt für die **Material- und Warenverluste,** die ebenso hier erfasst werden können, z.B.

4800 Bestandesänderungen Produktionsmaterial
4820 Bestandesänderungen Handelswaren
4880 Materialverluste
4886 Warenverluste

49 Aufwandminderungen

Sollen die Aufwandminderungen weder auf der Stufe «Bereich» (Konten 4009, 4209 und 4409) noch auf der Stufe «Kontengruppe» (Gruppen 409, 429 und 449) ausgewiesen werden, so können sie hier auf den entsprechenden Konten der Stufe «Kontenhauptgruppe» für den gesamten Aufwand für Material, Waren und Drittleistungen zusammengefasst verbucht werden, z.B.

4900 Skonti*
4901 Rabatte und Preisnachlässe
4902 Umsatzrückvergütungen
4903 Einkaufsprovisionen
4906 Kursdifferenzen

* *Werden beanspruchte **Skonti von Lieferanten** als Teil des Finanzertrages betrachtet, so sind diese auf Konto 6895 zu erfassen.*

5 Personalaufwand (OR 663 Abs. 3)

Das Aktienrecht verlangt in OR 663 Abs. 3 den gesonderten Ausweis des Personalaufwandes in der Erfolgsrechnung.

In allen Unternehmen stellt der Personalaufwand heute einen bedeutenden Aufwandposten dar, weshalb es sich rechtfertigt, im neuen Kontenrahmen dafür eine eigene Kontenklasse zu schaffen.

Unter **Personalaufwand** versteht man die Gesamtheit der an die arbeitsvertraglich beschäftigten Arbeitnehmer entrichteten Entschädigungen für geleistete Arbeiten.

Die Entschädigungen bestehen in der Hauptsache aus Löhnen, Gehältern, Zulagen aller Art, Erfolgsprämien, Treueprämien, Dienstaltersgeschenken usw.

Zum Personalaufwand zählen aber auch die **Naturalleistungen** des Arbeitgebers an seine Angestellten, z.B. freie Station (Kost und Logis) oder das Zurverfügungstellen einer unentgeltlichen oder vergünstigten Dienstwohnung.

Zum Personalaufwand zählen auch alle obligatorischen und freiwilligen **Sozialversicherungsabgaben,** z.B. AHV-, IV-, EO-, ALV- und FAK-Beiträge, Beitragszahlungen an die berufliche Vorsorge, Beiträge an die Unfall- und Krankenversicherung usw.

Ferner gehören dazu auch die **übrigen Personalaufwendungen** wie z.B. die Aufwendungen für die Personalbeschaffung, die Aus- und Weiterbildung des Personals und die an das Personal ausgerichteten Spesenentschädigungen, die im Zusammenhang mit der Berufsausübung stehen.

Der Personalaufwand wird in folgende *Hauptgruppen* gegliedert:

50 Personalaufwand Produktion
52 Personalaufwand Handel
54 Personalaufwand Dienstleistungen
56 Personalaufwand Verwaltung
57 Sozialversicherungsaufwand
58 Übriger Personalaufwand
59 Arbeitsleistungen Dritter

Analog der Kontenklasse 3 «Betriebsertrag aus Lieferungen und Leistungen» und der Kontenklasse 4 «Aufwand für Material, Waren und Drittleistungen» wird auch in der Kontenklasse 5 die Unterteilung des Personalaufwandes vorgenommen:

Produktion
Handel
Dienstleistung

Auch beim Personalaufwand lässt der Kontenrahmen KMU dem Anwender viel Gestaltungsraum. So können z.B.

der Sozialversicherungsaufwand,
der übrige Personalaufwand und
die Arbeitsleistungen Dritter

auf der Stufe Konto, Kontengruppe oder Kontenhauptgruppe ausgewiesen werden, z.B.

Konto		*Stufe*
5007	Sozialversicherungsaufwand	Stufe Konto
5008	Übriger Personalaufwand	für Bereich
5009	Arbeitsleistungen Dritter	5007/5008/5009
5070	Sozialversicherungsaufwand	**Stufe**
5080	Übriger Personalaufwand	**Kontengruppe z.B.**
5090	Arbeitsleistungen Dritter	**für die Produktion 507/508/509**
5700	Sozialversicherungsaufwand	**Stufe**
5800	Übriger Personalaufwand	**Kontenhauptgruppe**
5900	Arbeitsleistungen Dritter	**für ganzen Betrieb 57/58/59**

Der Anwender entscheidet, welche Form den Anforderungen seines Rechnungswesens und der eingesetzten EDV-Lösung am besten entspricht.

Kleinere Unternehmen werden den Sozialversicherungsaufwand und den übrigen Personalaufwand in der Regel zusammengefasst für die gesamte Unternehmenstätigkeit ausweisen, da die Aufteilung auf Produktion, Handel und Dienstleistung oder gar auf die einzelnen erbrachten Leistungen einen unverhältnismässig hohen Erfassungsaufwand verursacht.

50   Personalaufwand Produktion

Es ist derjenige Teil des Personalaufwandes, der durch die eigentlichen Produktionsarbeiten entsteht.

Die separate Erfassung ist unerlässlich zur Ermittlung des **Bruttoergebnisses 2** aus der Produktion, welches sich ergibt nach der Formel

Produktionsertrag	Hauptgruppe 30
– *Materialaufwand*	Hauptgruppe 40
= Bruttoergebnis 1	
– *Personalaufwand Produktion*	Hauptgruppe 50
= **Bruttoergebnis 2**	

Wenn der **Bruttoerfolg 2** korrekt ausgewiesen werden soll, so ist es unerlässlich, den Sozialversicherungsaufwand, den übrigen Personalaufwand und allfällige Arbeitsleistungen Dritter im Produktionsbereich auf den Konten 5007, 5008 und 5009 oder in den Kontengruppen 507, 508 und 509 zu führen, damit der gesamte Personalaufwand der Produktion ermittelt werden kann.

KONTENRAHMENKMU

Analog der Kontenklasse 3 «Betriebsertrag aus Lieferungen und Leistungen» und der Kontenklasse 4 «Aufwand für Material, Waren und Drittleistungen» kann auch der Personalaufwand in verschiedene **Bereiche** aufgeteilt werden. Unter dem Begriff «Bereich» können je nach Bedarf in den einzelnen Unternehmen verschiedenartige Unterteilungen gemacht werden, die in der Regel übereinstimmen mit denjenigen des Betriebsertrages gemäss Kontenklasse 3 und des Aufwandes für Material, Waren und Drittleistungen gemäss Kontenklasse 4, z.B.

> Produktegruppen
> Betriebszweige
> Geographische Unterteilungen, z.B. nach Absatzgebieten
> Unterteilung nach Kostenträgergruppen
> usw.

500   Lohnaufwand Produktion Bereich A
Der Anwender stimmt die Wahl der Konten und deren Bezeichnung auf die Anforderungen des Betriebes und dessen Rechnungswesen ab, z.B.

5000   Löhne Produktion
5001   Zulagen (Familien-, Orts-, Nachtzulagen usw.)
5002   Erfolgsbeteiligungen (evtl. Gratifikationen)
5003   Provisionen
5005*   Leistungen von Sozialversicherungen (z.B erhaltene Erwerbsausfall-
        entschädigungen, Kranken- und Unfalltaggelder usw.)
5006*   Personalausleihung
        (erhaltene Entschädigungen für ausgeliehenes Personal)
5007   Sozialversicherungsaufwand (AHV-, IV-, EO-, ALV-, FAK-Beiträge)
5008   Übriger Personalaufwand
        (Personalsuche, Aus- und Weiterbildung, Personalanlässe usw.)
5009   Arbeitsleistungen Dritter (bezogene Fremdleistungen)

> *   *Bei den Konten **5005** und **5006** handelt es sich um **Aufwandminderungen.** Die von den Sozialversicherungseinrichtungen erbrachten Leistungen, wie z.B. ausbezahlte Erwerbsausfallentschädigungen oder Unfalltaggeldvergütungen, sollten nicht als Aufwandminderung direkt auf das Konto 5000 verbucht werden. Dies ist von Bedeutung, weil das Lohnkonto als Basis für die korrekte Ermittlung der Sozialversicherungsbeiträge dient.*

501   Lohnaufwand Produktion Bereich B

502   Lohnaufwand Produktion Bereich C

507   Sozialversicherungsaufwand Produktion
Soll der Sozialversicherungsaufwand nicht einzeln auf der Stufe «Bereich» (Konto 5007) ausgewiesen werden, so kann er hier für die ganze Produktion zusammengefasst verbucht werden, z.B.

5070 AHV-, IV-, EO-, ALV-Beiträge
5071 FAK-Beiträge (an Familienausgleichskasse)
5072 Berufliche Vorsorgebeiträge
(evtl. unterteilt in obligatorische und weitergehende Vorsorge)
5073 Unfallversicherungsprämien
(evtl. unterteilt in Betriebsunfall und Nichtbetriebsunfall)
5074 Krankentaggeldversicherungsprämien
5079 Quellensteuerabgaben
(z.B. für Ausländer ohne permanente Niederlassungsbewilligung)

508 Übriger Personalaufwand Produktion
Soll der übrige Personalaufwand der Produktion nicht einzeln auf der
Stufe «Bereich» (Konto 5008) ausgewiesen werden, so kann er hier für
die ganze Produktionstätigkeit zusammengefasst verbucht werden, z.B.

5080 Personalbeschaffung (Personalinserate usw.)
5081 Aus- und Weiterbildung (Kurse und Seminarbesuche)
5082 Spesenentschädigungen effektiv (gemäss Belegen)
5083 Spesenentschädigungen pauschal (Monatspauschalen)*
5084 Personalkantine (Verpflegung und Getränke)
5089 Sonstiger Personalaufwand (Personalanlässe usw.)

> * *Die Ausrichtung von pauschalen Spesenvergütungen berechtigt nicht*
> *zum Vorsteuerabzug bei der Mehrwertsteuer.*

509 Arbeitsleistungen Dritter Produktion
Darunter sind Arbeitsleistungen Dritter zu verstehen, die zur Leistungserstellung in Anspruch genommen werden.
Materialintensive Fremdleistungen sollten unter dem Materialaufwand in
der Kontenklasse 4 (z.B. Konto 4006 oder Gruppe 406) verbucht werden.
Ist die Fremdleistung dagegen besonders arbeitsintensiv (lohnintensiv),
so kann sie hier unter dem Personalaufwand ausgewiesen werden, z.B.

5090 Temporäre Arbeitnehmer
5091 Unterakkordanten

52 Personalaufwand Handel

Es ist der Personalaufwand des Unternehmens, der aus der Handelstätigkeit
resultiert.

Soll das **Bruttoergebnis** aus dem Handelsgeschäft ermittelt werden, so ist
folgende Formel anzuwenden:

Handelsertrag	Hauptgruppe 32
– *Handelswarenaufwand*	Hauptgruppe 42
= Bruttoergebnis 1	
– *Personalaufwand Handel*	Hauptgruppe 52
= Bruttoergebnis 2	

KONTENRAHMENKMU

Analog der Kontenklasse 3 «Betriebsertrag aus Lieferungen und Leistungen» und der Kontenklasse 4 «Aufwand für Material, Waren und Drittleistungen» kann auch der Personalaufwand in verschiedene **Bereiche** aufgeteilt werden. Unter dem Begriff «Bereich» können je nach Bedarf in den einzelnen Unternehmen verschiedenartige Unterteilungen gemacht werden, die in der Regel übereinstimmen mit denjenigen des Betriebsertrages gemäss Kontenklasse 3 und des Aufwandes für Material, Waren und Drittleistungen gemäss Kontenklasse 4, z.B.

> Artikelgruppen
> Betriebszweige
> Geographische Unterteilungen, z.B. nach Absatzgebieten
> Unterteilung nach Kostenträgergruppen
> usw.

520 Lohnaufwand Handel Bereich A
Der Anwender stimmt die Wahl der Konten und deren Bezeichnung auf die Anforderungen des Betriebes und dessen Rechnungswesen ab, z.B.

5200 Löhne Handel
5201 Zulagen (Familien-, Orts-, Nachtzulagen usw.)
5202 Erfolgsbeteiligungen (evtl. Gratifikationen)
5203 Provisionen
5205* Leistungen von Sozialversicherungen (z.B. erhaltene Erwerbsausfall-entschädigungen, Kranken- und Unfalltaggelder usw.)
5206* Personalausleihung
(erhaltene Entschädigungen für ausgeliehenes Personal)
5207 Sozialversicherungsaufwand (AHV-, IV-, EO-, ALV-, FAK-Beiträge)
5208 Übriger Personalaufwand
(Personalsuche, Aus- und Weiterbildung, Personalanlässe usw.)
5209 Arbeitsleistungen Dritter (bezogene Fremdleistungen)

> * *Bei den Konten **5205** und **5206** handelt es sich um **Aufwandminderungen**. (Siehe Kommentar unter 5005 und 5006.)*

521 Lohnaufwand Handel Bereich B

522 Lohnaufwand Handel Bereich C

527 Sozialversicherungsaufwand Handel
Soll der Sozialversicherungsaufwand nicht einzeln auf der Stufe «Bereich» (Konto 5207) ausgewiesen werden, so kann er hier für die ganze Handelstätigkeit zusammengefasst verbucht werden, z.B.

5270 AHV-, IV-, EO-, ALV-Beiträge
5271 FAK-Beiträge (an Familienausgleichskasse)
5272 Berufliche Vorsorgebeiträge
(evtl. unterteilt in obligatorische und weitergehende Vorsorge)

5273 Unfallversicherungsprämien
(evtl. unterteilt in Betriebsunfall und Nichtbetriebsunfall)
5274 Krankentaggeldversicherungsprämien
5279 Quellensteuerabgaben
(z.B. für Ausländer ohne permanente Niederlassungsbewilligung)

528 Übriger Personalaufwand Handel

Soll der übrige Personalaufwand aus Handel nicht einzeln auf der Stufe «Bereich» (Konto 5208) ausgewiesen werden, so kann er hier für die gesamte Handelstätigkeit zusammengefasst verbucht werden, z.B.

5280 Personalbeschaffung (Personalanwerbung)
5281 Aus- und Weiterbildung (Kursbesuche, Seminare usw.)
5282 Spesenentschädigungen effektiv (gemäss Belegen)
5283 Spesenentschädigungen pauschal (Monatspauschalen)*
5284 Personalkantine (Verpflegung und Getränke)
5289 Sonstiger Personalaufwand (Personalanlässe usw.)

Die Ausrichtung von pauschalen Spesenvergütungen berechtigt nicht zum Vorsteuerabzug bei der Mehrwertsteuer.

529 Arbeitsleistungen Dritter Handel

Darunter sind Arbeitsleistungen Dritter zu verstehen, die zur Leistungserbringung in Anspruch genommen werden, z.B.

5290 Temporäre Arbeitnehmer

54 Personalaufwand Dienstleistungen

Es handelt sich um den Personalaufwand, verursacht durch das Erbringen von Dienstleistungen.

Soll das **Bruttoergebnis** aus dem Dienstleistungsgeschäft ermittelt werden, so ist folgende Formel anzuwenden:

Dienstleistungsertrag	Hauptgruppe 34
– *Aufwand für Drittleistungen*	Hauptgruppe 44
= Bruttoergebnis 1	
– *Personalaufwand Dienstleistungen*	Hauptgruppe 54
= Bruttoergebnis 2	

Analog der Kontenklasse 3 «Betriebsertrag aus Lieferungen und Leistungen» und der Kontenklasse 4 «Aufwand für Material, Waren und Drittleistungen» kann auch der Personalaufwand in verschiedene **Bereiche** aufgeteilt werden. Unter dem Begriff «Bereich» können je nach Bedarf in den einzelnen Unternehmen verschiedenartige Unterteilungen gemacht werden, die in der Regel übereinstimmen mit denjenigen des Betriebsertrages gemäss Kontenklasse 3 und des Aufwandes für Material, Waren und Drittleistungen gemäss Kontenklasse 4, z.B.

Dienstleistungsgruppen
Betriebszweige
Geographische Unterteilungen, z.B. nach Absatzgebieten
Unterteilung nach Kostenträgergruppen
usw.

540 Lohnaufwand Dienstleistungen Bereich A
Der Anwender stimmt die Wahl der Konten und deren Bezeichnung auf die Anforderungen des Betriebes und dessen Rechnungswesen ab, z.B.

5400 Löhne Dienstleistungen
5401 Zulagen (Familien-, Orts-, Nachtzulagen usw.)
5402 Erfolgsbeteiligungen (evtl. Gratifikationen)
5403 Provisionen
5405* Leistungen von Sozialversicherungen (z.B. erhaltene Erwerbsausfallentschädigungen, Kranken- oder Unfalltaggelder usw.)
5406* Personalausleihung
(erhaltene Entschädigungen für ausgeliehenes Personal)
5407 Sozialversicherungsaufwand (AHV-, IV-, EO-, ALV-, FAK-Beiträge)
5408 Übriger Personalaufwand
(Personalanwerbung, Aus- und Weiterbildung, Personalanlässe usw.)
5409 Arbeitsleistungen Dritter (bezogene Fremdleistungen)

* *Bei den Konten **5405** und **5406** handelt es sich um **Aufwandminderungen**. (Siehe Kommentar unter 5005 und 5006).*

541 Lohnaufwand Dienstleistungen Bereich B

542 Lohnaufwand Dienstleistungen Bereich C

547 Sozialversicherungsaufwand Dienstleistungen
Soll der Sozialversicherungsaufwand nicht einzeln auf der Stufe «Bereich» (Konto 5407) ausgewiesen werden, so kann er hier für die ganze Dienstleistungstätigkeit zusammengefasst verbucht werden, z.B.

5470 AHV-, IV-, EO-, ALV-Beiträge
5471 FAK-Beiträge (an Familienausgleichskasse)
5472 Berufliche Vorsorgebeiträge
(evtl. unterteilt in obligatorische und weitergehende Vorsorge)
5473 Unfallversicherungsprämien
(evtl. unterteilt in Betriebsunfall und Nichtbetriebsunfall)
5474 Krankentaggeldversicherungsprämien
5479 Quellensteuerabgaben
(z.B. für Ausländer ohne feste Niederlassungsbewilligung)

548 Übriger Personalaufwand Dienstleistungen
Soll der übrige Personalaufwand aus Dienstleistungen nicht einzeln auf der Stufe «Bereich» (Konto 5408) ausgewiesen werden, so kann er hier für die gesamte Dienstleistungstätigkeit zusammengefasst verbucht werden, z.B.

5480 Personalbeschaffung (Personalanwerbung)
5481 Aus- und Weiterbildung (Kursbesuche, Seminare usw.)
5482 Spesenentschädigung effektiv (gemäss Belegen)
5483 Spesenentschädigung pauschal (Monatspauschalen)*
5484 Personalkantine (Verpflegung und Getränke)
5489 Sonstiger Personalaufwand (Personalanlässe usw.)

> * *Die Ausrichtung von pauschalen Spesenvergütungen berechtigt nicht zum Vorsteuerabzug bei der Mehrwertsteuer.*

549 Arbeitsleistungen Dritter Dienstleistungen

Werden im Dienstleistungsbereich Drittleistungen in Anspruch genommen (z.B. Erstellung von Fremdgutachten für ein Treuhandbüro oder Entwicklung von Programmteilen für ein Softwareunternehmen durch aussenstehende Spezialisten), so sollten diese Aufwendungen nicht hier sondern unter der Hauptgruppe 44 «Aufwand für Drittleistungen (Dienstleistungen)» verbucht werden.

Dagegen sind die Aufwendungen für temporäre Arbeitskräfte, die z.B. infolge ausserordentlichen Arbeitsanfalles beigezogen werden, hier zu verbuchen, z.B.

5490 Temporäre Arbeitnehmer

56   Personalaufwand Verwaltung

Hier kann der Personalaufwand für die Verwaltungstätigkeit des Unternehmens ausgewiesen werden.

560 Personalaufwand Verwaltung

Der Anwender stimmt die Wahl der Konten und deren Bezeichnung auf die Anforderungen des Betriebes und dessen Rechnungswesen ab, z.B.

5600 Löhne Verwaltungspersonal
5601 Zulagen (Familien-, Orts-, Nachtzulagen usw.)
5602 Erfolgsbeteiligungen (evtl. Gratifikationen)
5603 Saläre Geschäftsleitung
5604 Honorare Verwaltungsrat
5605* Leistungen von Sozialversicherungen (z.B. erhaltene Erwerbsausfallentschädigungen, Kranken- und Unfalltaggelder usw.)
5606* Personalausleihung
       (Erhaltene Entschädigungen für ausgeliehenes Personal)
5607 Sozialversicherungsaufwand (AHV-, IV-, EO-, ALV-, FAK-Beiträge)
5608 Übriger Personalaufwand
       (Personalanwerbung, Aus- und Weiterbildung, Personalanlässe usw.)
5609 Arbeitsleistungen Dritter (bezogene Fremdleistungen)

> * *Bei den Konten **5605** und **5606** handelt es sich um **Aufwandminderungen**. (Siehe Kommentar unter 5005 und 5006.)*

567 **Sozialversicherungsaufwand Verwaltung**

Soll der Sozialversicherungsaufwand der Verwaltung als separate Kontengruppe erfasst werden, so kann er hier wie folgt ausgewiesen werden:

5670 AHV-, IV-, EO-, ALV-Beiträge
5671 FAK-Beiträge (an Familienausgleichskasse)
5672 Berufliche Vorsorgebeiträge
(evtl. unterteilt in obligatorische und weitergehende Vorsorge)
5673 Unfallversicherungsprämien
(evtl. unterteilt in Betriebsunfall und Nichtbetriebsunfall)
5674 Krankentaggeldversicherungsprämien
5679 Quellensteuerabgaben
(z.B. für ausländische Arbeitnehmer ohne feste Niederlassung)

568 **Übriger Personalaufwand Verwaltung**

Soll der übrige Personalaufwand der Verwaltung als separate Kontengruppe erfasst werden, so kann er hier wie folgt ausgewiesen werden:

5680 Personalbeschaffung (Personalanwerbung)
5681 Aus- und Weiterbildung (Kursbesuche, Seminare usw.)
5682 Spesenentschädigungen effektiv (gemäss Belegen)
5683 Spesenentschädigungen pauschal (Monatspauschalen)*
5684 Personalkantine (Verpflegung und Getränke)
5689 Sonstiger Personalaufwand (Personalanlässe usw.)

  * *Die Ausrichtung von pauschalen Spesenvergütungen berechtigt nicht zum Vorsteuerabzug bei der Mehrwertsteuer.*

569 **Arbeitsleistung Dritter Verwaltung**

Werden im Verwaltungsbereich Arbeitsleistungen Dritter in Anspruch genommen, so können diese Aufwendungen hier verbucht werden, z.B.

5690 Temporäre Arbeitnehmer

57 Sozialversicherungsaufwand

Soll der Sozialversicherungsaufwand für das ganze Unternehmen zusammengefasst ausgewiesen und nicht auf die Stufen «Bereich» (Konten 5007, 5207, 5407, 5607) oder auf die Kontengruppen 507, 527, 547, 567 verteilt werden, so können diese Aufwendungen gesamthaft auf die entsprechenden Konten in der Hauptgruppe 57 verbucht werden.

570 **AHV, IV, EO, ALV**

Hier sind die Beitragszahlungen für die 1. Säule der Altersvorsorge sowie für die Arbeitslosenversicherung zu verbuchen, z.B.

5700 AHV-, IV-, EO-Beiträge
5701 ALV-Beiträge

571 FAK

Hier sind die Beiträge an die Familienausgleichskassen zu verbuchen, z.B.

5710 FAK-Beiträge

572 Berufliche Vorsorge

Hier sind die Beiträge für die 2. Säule der Altersvorsorge gemäss BVG zu verbuchen. Dabei können die Beiträge aufgeteilt werden in den obligatorischen und den freiwilligen, überobligatorischen Teil (z.B. für höheres Kader), z.B.

5720 Berufliche Vorsorgebeiträge obligatorisch
5721 Berufliche Vorsorgebeiträge freiwillig

573 Unfallversicherung

Hier sind die Unfallversicherungsprämien für die Angestellten zu verbuchen. Dabei können die Prämien in Betriebsunfall- und Nichtbetriebsunfallversicherung aufgeteilt werden, z.B.

5730 Prämien Betriebsunfallversicherung
5731 Prämien Nichtbetriebsunfallversicherung

574 Krankentaggeldversicherung

Hier sind die Prämien für die Krankentaggeldversicherung zu verbuchen, z.B.

5740 Krankentaggeldversicherungsprämien

579 Quellensteuer

Hier sind die Quellensteuerabgaben zu verbuchen, die der Arbeitgeber für seine ausländischen Arbeitnehmer ohne feste Niederlassung leistet, z.B.

5790 Quellensteuerabgaben

58 Übriger Personalaufwand

Soll der übrige Personalaufwand für das gesamte Unternehmen zusammengefasst ausgewiesen und nicht auf die Stufen «Bereich» (Konten 5008, 5208, 5408, 5608) oder auf die Kontengruppen 508, 528, 548, 568 verteilt werden, so können diese Aufwendungen gesamthaft auf die entsprechenden Konten in der Hauptgruppe 58 verbucht werden.

580 Personalbeschaffung

Hier sind die Aufwendungen für Personalbeschaffung zu verbuchen, z.B.

5800 Personalinserate
5801 Personalvermittlungsprovisionen

581   Aus- und Weiterbildung

Hier sind die Aufwendungen für die Aus- und Weiterbildung der Mitarbeiterinnen und Mitarbeiter zu verbuchen, z.B.

5810   Betriebsnotwendige Ausbildung
5811   Berufliche Weiterbildung

582   Spesenentschädigungen effektiv

Hier sind die Aufwendungen für effektive Geschäftsspesen der Mitarbeiterinnen und Mitarbeiter zu verbuchen, die aufgrund von Belegen z.B. für Geschäftsreisen, auswärtige Verpflegung, geschäftliche Übernachtungen usw. ausbezahlt werden, z.B.

5820   Reisespesen
5821   Verpflegungsspesen*
5822   Übernachtungsspesen

   * *Der Vorsteuerabzug bei der Mehrwertsteuer ist beschränkt (siehe Art. 30 Abs. 2 MWSTV).*

583   Spesenentschädigungen pauschal

Werden die Geschäftsspesen an die Mitarbeiterinnen und Mitarbeiter nicht aufgrund von Belegen in effektiver Höhe ausbezahlt sondern in der Form von monatlichen Pauschalspesen vergütet, so können diese Aufwendungen hier verbucht werden, z.B.

5830   Pauschalspesen Kader
5831   Pauschalspesen Geschäftsleitung
5832   Pauschalspesen Verwaltungsrat

Dabei ist zu beachten, dass die Ausrichtung von pauschalen Spesenvergütungen nicht zum Vorsteuerabzug bei der Mehrwertsteuer berechtigt.

584   Personalkantine

Wird im Betrieb eine Cafeteria oder Kantine für die Mitarbeiterinnen und Mitarbeiter geführt, so können die damit im Zusammenhang stehenden Aufwendungen und Erträge hier verbucht werden, z.B.

5840   Personalkantine Verpflegung
5841   Personalkantine Getränke
5845   Erträge für Essen (als Aufwandminderung)
5846   Erträge für Getränke (als Aufwandminderung)

Wird dagegen ein betriebseigener Restaurationsbetrieb geführt, so ist die Führung einer separaten Nebenrechnung in der Kontenklasse 7 zu empfehlen.

588   Sonstiger Personalaufwand

Hier können die übrigen Personalaufwendungen verbucht werden, z.B.

5880   Personalanlässe
5881   Firmensportgruppe

589   Privatanteile Personalaufwand (Gegenkonto 2852)
Arbeiten Geschäftsangestellte teilweise für die privaten Bedürfnisse des Geschäftsinhabers und dessen Familie (Zubereitung der Verpflegung, Besorgung der privaten Räume, Wäsche usw.) so ist ein den Verhältnissen entsprechender Teil der Löhne als Privatanteil anzurechnen.

5890   Privatanteil an den Löhnen des Geschäftspersonals

59   Arbeitsleistungen Dritter

Sollen die Arbeitsleistungen Dritter für das gesamte Unternehmen zusammengefasst ausgewiesen und nicht auf den Stufen «Bereich» (Konten 5009, 5209, 5409, 5609) oder auf die Kontengruppen 509, 529, 549, 569 verteilt werden, so können diese Aufwendungen auf die entsprechenden Konten in der Hauptgruppe 59 verbucht werden, z.B.

5900   Temporäre Arbeitnehmer
5901   Unterakkordanten

Kleinere Betriebe, die mit möglichst wenigen Konten auskommen möchten, können sich beim Personalaufwand auf eine minimale Anzahl von Konten beschränken, z.B.

Produktionsbetrieb	Handelsbetrieb
5000 Löhne Produktion	
5200 Löhne Verkauf	5200 Löhne Handel
5203 Verkaufsprovisionen	5203 Verkaufsprovisionen
5600 Löhne Verwaltung	5600 Löhne Verwaltung
5700 AHV, IV, EO, FAK	5700 AHV, IV, EO, FAK
5720 Berufliche Vorsorge	5720 Berufliche Vorsorge
5730 Unfallversicherung	5730 Unfallversicherung
5740 Krankentaggeldversicherung	5740 Krankentaggeldversicherung
5800 Personalbeschaffung	5800 Personalbeschaffung
5810 Aus- und Weiterbildung	5810 Aus- und Weiterbildung
5820 Spesenentschädigungen	5820 Spesenentschädigungen
5880 Sonstiger Personalaufwand	5880 Sonstiger Personalaufwand

Dienstleistungsbetrieb
5400 Löhne Dienstleistungen
5600 Löhne Verwaltung
5700 AHV, IV, EO, FAK
5720 Berufliche Vorsorge
5730 Unfallversicherung
5740 Krankentaggeldversicherung
5800 Personalbeschaffung
5810 Aus- und Weiterbildung
5820 Spesenentschädigungen
5880 Sonstiger Personalaufwand

6 Sonstiger Betriebsaufwand (OR 663 Abs. 3)

Unter dem sonstigen Betriebsaufwand sind die weiteren betrieblichen Aufwendungen zu verstehen, die zusätzlich zum Aufwand für Material, Waren und Drittleistungen (Kontenklasse 4) und zum Personalaufwand (Kontenklasse 5) bei der Leistungserstellung anfallen.

Der sonstige Betriebsaufwand wird in folgende *Hauptgruppen* eingeteilt:

60 Raumaufwand
61 Unterhalt, Reparaturen, Ersatz (URE)
Leasingaufwand mobile Sachanlagen
62 Fahrzeug- und Transportaufwand
63 Sachversicherungen,
Abgaben, Gebühren und Bewilligungen
64 Energie- und Entsorgungsaufwand
65 Verwaltungs- und Informatikaufwand
66 Werbeaufwand
67 Übriger Betriebsaufwand
68 Finanzerfolg
69 Abschreibungen

Die Aufteilung in die Betriebszweige

Produktion
Handel
Dienstleistung

wird nur in den Kontenklassen

> 3 Betriebsertrag aus Lieferungen und Leistungen
> 4 Aufwand für Material, Waren und Drittleistungen
> 5 Personalaufwand

vorgenommen und dient der stufengerechten Ermittlung der Bruttoergebnisse 1 und 2 aus Produktion, Handel und Dienstleistung.

Eine Aufteilung des sonstigen Betriebsaufwandes auf die verschiedenen Betriebszweige und -bereiche würde nun aber den Administrationsaufwand drastisch erhöhen und in einem Missverhältnis stehen zum Nutzen einer solchen Unterteilung, weshalb im Kontenrahmen KMU darauf verzichtet wird.

60 Raumaufwand

Dazu gehören vor allem die Aufwendungen für die Miete der Geschäftslokalitäten samt Nebenkosten und Reinigung sowie der Unterhalt dieser Räume und der Aufwand für Leasing von geschäftlich genutzten Immobilien.

600 Fremdmieten Geschäftslokalitäten

Hier werden die an Dritte bezahlten Mietzinse für Benützung der Geschäftslokalitäten verbucht.

601 Eigenmiete Geschäftslokalitäten (Gegenkonto 7500)

Hier werden die Eigenmietwerte von selbstgenutzten Geschäftslokalitäten verbucht. Nach Art. 21 Abs. 2 DBG hat die Festsetzung der Eigenmietwerte unter Berücksichtigung der ortsüblichen Verhältnisse und der tatsächlichen Nutzung zum Marktwert zu erfolgen.

603 Nebenkosten

Dazu gehören die Aufwendungen für Heizung, Strom, Gas, Wasser sowie für die Arbeit des Hauswartes bei Mietlokalitäten, die zu geschäftlichen Zwecken genutzt werden.
Die Kosten für Energiebezüge zu Produktionszwecken sind dagegen unter Hauptgruppe 45 oder 64 zu erfassen.

604 Reinigung

Hier werden vor allem die Aufwendungen für Fremdreinigung durch Reinigungsinstitute sowie der Verbrauch an Reinigungsmaterial verbucht. Wird durch eigenes Personal gereinigt, so können die diesbezüglichen Aufwendungen ebenfalls hier ausgewiesen werden (Übertrag ab Personalaufwand).

605 Unterhalt Geschäftsräume

Dazu gehören die Aufwendungen für den Unterhalt (Reparaturen, Kleininvestitionen, Serviceabonnemente usw.) der Geschäftslokalitäten, insbesondere wenn diese gemietet werden.
Bei firmeneigenen Geschäftsräumen wird oftmals eine eigene Liegenschaftsrechnung in der Kontenklasse 7 (Kontenhauptgruppe 75 «Erfolg betriebliche Liegenschaften») geführt. In diesem Fall gehört der Unterhalt dieser Lokalitäten auf Konto 7511.

606 Leasing Immobilien

Werden Geschäftsräume geleast, so wird der Leasingaufwand hier verbucht. (Betreffend Aktivierung des Leasinggutes siehe Gruppe 616.)

609 Privatanteile Raumaufwand (Gegenkonto 2852)

Für Heizung, Strom, Gas, Reinigungs- und Wäschematerial für private Zwecke sind nach steuerlichen Richtlinien (Merkblatt N1 «Naturalbezüge Selbständigerwerbender») entsprechende Privatanteile anzurechnen, sofern sämtliche den Privatbereich betreffenden Ausgaben dem Betrieb belastet worden sind.

Auf ein Konto **übriger Raumaufwand** wurde bewusst verzichtet, in der Meinung, der Raumaufwand sei sachgerecht auf die zutreffenden Konten zu verbuchen.

Kann ein bestimmter Aufwand keinem bestehenden Konto zugewiesen werden, so ist ein neues Konto zu eröffnen und zweckentsprechend zu bezeichnen.

61 Unterhalt, Reparaturen, Ersatz (URE) Leasingaufwand mobile Sachanlagen

Dazu gehören Unterhalt, Reparaturen und Ersatz sowie der Leasingaufwand für die mobilen Sachanlagen, wie Produktions-, Verkaufs-, Lager- und Büroeinrichtungen sowie Mobiliar für Personalräume usw.

Bei **Ersatzanschaffungen** mit einer Lebensdauer von mehr als einem Jahr ist das Investitionsgut zu aktivieren (Gruppe 150) und nach der voraussichtlichen Nutzungsdauer abzuschreiben (Hauptgruppe 69).

Anschaffungen von **Anlagegütern mit geringem Wert**, z.B. Handwerkzeuge, Geräte usw. dürfen aus steuerlicher Sicht im Jahr der Anschaffung direkt abgeschrieben werden (Kontenuntergruppe 610.0). Ist die Nutzungsdauer länger als ein Jahr, so ist aus betriebswirtschaftlicher Sicht eine Aktivierung (Kontenuntergruppe 154.0) zu empfehlen.

610 Unterhalt, Reparaturen, Ersatz (URE)

610.0 Unterhalt, Reparaturen, Ersatz von Produktionsanlagen
Dazu gehören alle Aufwendungen, die der Werterhaltung der Einrichtungen für die Produktion dienen (Maschinen, Apparate, Mobiliar, Werkzeuge und Geräte).

611.0 Unterhalt, Reparaturen, Ersatz von Verkaufseinrichtungen
Dazu gehören alle Aufwendungen, die der Werterhaltung der Einrichtungen des Verkaufs dienen (Einrichtungen Verkaufsläden, Ausstellungsräume usw.).

612.0 Unterhalt, Reparaturen, Ersatz von Lagereinrichtungen
Dazu gehören alle Aufwendungen, die der Werterhaltung der Lagereinrichtungen dienen (Lagergestelle, Hochregallager, Kompaktlagereinrichtungen usw.).

613.0 Unterhalt, Reparaturen, Ersatz von Büroeinrichtungen
Dazu gehören alle Aufwendungen, die der Werterhaltung der Büroeinrichtungen dienen (Büromobiliar, Büromaschinen, Bürogeräte usw.).

614.0 Unterhalt, Reparaturen, Ersatz von Personaleinrichtungen
Dazu gehören alle Aufwendungen, die der Werterhaltung von Personaleinrichtungen dienen (Einrichtungen Personalkantine, Personalzimmer, Personalwohnungen usw.).

616.0 Leasingaufwand mobile Sachanlagen

Hier ist der Aufwand zu verbuchen, der durch Leasing mobiler Sachanlagen entsteht (Leasingraten der Rechnungsperiode).

Je nach Ausgestaltung des Leasingvertrages kann das **Leasinggut** auch **aktiviert** werden (Gruppe 150), wobei die Leasingverbindlichkeiten mit dem Barwert der Restschuld zu passivieren sind (Konto 2420 oder 2005).

Die Restschuld wird durch die zu bezahlenden Leasingraten getilgt, wobei die entsprechenden Zinsen dem Finanzaufwand (Hauptgruppe 68) zu belasten sind.

Das Leasinggut wird nach der Dauer des Leasingvertrages und der Restlebenserwartung abgeschrieben (Hauptgruppe 69).

Der Leasingaufwand der mobilen Sachanlagen kann aufgeteilt werden auf Produktionsanlagen, Verkaufseinrichtungen, Lagereinrichtungen, Büroeinrichtungen und Personaleinrichtungen (Gliederung analog Bilanz).

62   Fahrzeug- und Transportaufwand

Hier sind die gesamten Aufwendungen für den Fahrzeugbetrieb sowie der Transportaufwand des Unternehmens auszuweisen.

Zum **Fahrzeugbetrieb** gehören die Aufwendungen für Unterhalt, Betriebsstoffe, Versicherungen, Verkehrsabgaben und Leasing der Fahrzeugflotte des Unternehmens.

Separat in der Hauptgruppe 69 sind die **Abschreibungen** auf den Fahrzeugen zu verbuchen. Bei der Berechnung des Aufwandes für den Fahrzeugbetrieb sind die Abschreibungen mitzuberücksichtigen.

Zum **Transportaufwand** zählen die Aufwendungen für Transporte durch Dritte (Spediteure, Cargo Domizil usw.).

620.0 Reparaturen, Service und Reinigung Fahrzeuge

Hier sind alle Aufwendungen zu verbuchen, die der Werterhaltung der Fahrzeuge dienen, wie Reparaturen, Servicearbeiten sowie Reinigung und Pflege.

621.0 Betriebsstoffe

Hier sind alle Aufwendungen für Betriebsstoffe wie Benzin, Diesel, Öl usw. aber auch Batterien (z.B. für Elektromobile) zu verbuchen.

Unternehmen, deren Verbrauch an Betriebsstoffen als bedeutender Aufwandfaktor mit der Betriebsleistung in direkt messbarem Zusammenhang steht, erfassen die **Betriebsstoffe als Teil des Materialaufwandes** in der Gruppe 453. Dies gilt z.B. für Taxi- und Transportunternehmen, Entsorgungsbetriebe, Carunternehmen usw.

622.0 Versicherungen

Dazu gehören sämtliche Versicherungsprämien im Zusammenhang mit dem Fahrzeugbetrieb (Haftpflicht-, Kasko-, Insassen-, Rechtsschutzversicherungen usw.).

623.0 Verkehrsabgaben, Beiträge, Gebühren

Hier werden alle Abgaben, Beiträge und Gebühren verbucht, die im Zusammenhang mit dem Fahrzeugbetrieb stehen, wie Motorfahrzeugsteuern, Schwerverkehrsabgaben, Autobahnvignetten, Beiträge an Strassenverkehrsorganisationen, Gebühren für Fahrzeuginspektionen, Parkinggebühren usw.

626.0 Fahrzeugleasing, Fahrzeugmieten

Hier ist der Aufwand zu verbuchen, der durch Leasing und Miete von Fahrzeugen entsteht (Leasingraten und Mietzinse der Rechnungsperiode).
Betreffend Aktivierung des Leasinggutes vergleiche Kommentar zu Gruppe 616.

627.0 Privatanteile Fahrzeugaufwand (Gegenkonto 2852)

In der Praxis werden die Betriebskosten von Fahrzeugen, die sowohl zu geschäftlichen wie auch für private Zwecke benützt werden, oftmals vollumfänglich dem Betrieb belastet. In diesen Fällen verlangt die Steuerbehörde die Anrechnung eines Privatanteils an den Autobetriebskosten, der sich nach der privaten Fahrleistung richtet (s. Merkblatt N1 «Naturalbezüge Selbständigerwerbender», Ziffer 5 «Privatanteil an den Autokosten»).

628 Transportaufwand

628.0 Frachten, Spediteur, Cargo Domizil

Hier werden alle Aufwendungen ausgewiesen, die durch Transporte von Dritten verursacht werden, wie z.B. das Abliefern von erbrachten Leistungen an Kunden, das Abholen von Waren an Bahnhöfen oder Zollämtern usw.
Sollen die **Frachten für die Auslieferung** direkt dem Produkt belastet werden, so sind die entsprechenden Konten der Ertragsminderung in der Kontenklasse 3 (z.B. Konto 3009, Gruppe 309 oder Hauptgruppe 39) zu verwenden.

Sollen die **Frachten für das Abholen** von Waren und Materialien direkt dem Material- und Warenaufwand belastet werden, so sind die entsprechenden Konten der direkten Einkaufsspesen in der Kontenklasse 4 (z.B. Konto 4007, Gruppe 407 oder Hauptgruppe 47) zu verwenden.

63 Sachversicherungen, Abgaben, Gebühren, Bewilligungen

Hier werden die Aufwendungen für Sachversicherungen, Abgaben, Gebühren und Bewilligungen ausgewiesen, die mit der Betriebstätigkeit im Zusammenhang stehen.

Ausnahme bilden die diesbezüglichen Aufwendungen für den Fahrzeugbetrieb, die in der Gruppe 620 zu verbuchen sind.

630 Sachversicherungen

630.0 Versicherungsprämien für Elementarschäden, Glasbruch, Einbruchdiebstahl
Dazu zählen die Versicherungen für Wasser-, Feuer- und Hagelschäden, Glasbruchversicherungen und Einbruchdiebstahlversicherungen für alle geschäftlichen Vermögenswerte.
Wird in der Hauptgruppe 75 eine separate betriebliche Liegenschaftsrechnung geführt, so gehören sämtliche Versicherungsprämien im Zusammenhang mit der Geschäftsliegenschaft auf das Konto 7513.

631.0 Versicherungsprämien für Betriebshaftpflicht und Garantie
Dazu zählen alle Haftpflicht-, Garantie- und Rechtsschutzversicherungen, die mit der betrieblichen Leistungserstellung direkt oder indirekt im Zusammenhang stehen.

632.0 Versicherungsprämien für Betriebsunterbrechung
Hier sind die Versicherungsprämien für Betriebsunterbrechungen zu verbuchen, die z.B. bei Brandfällen, Hochwasser, Explosionsschäden, Epidemien usw. entstehen können.

633.0 Kreditversicherungsprämien
Hier sind diejenigen Versicherungsprämien zu verbuchen, die im Zusammenhang mit der Kreditgewährung Dritter stehen. Dazu gehört die Absicherung des Risikos bei Tod oder Invalidität des Firmeninhabers (temporäre Todesfallrisikoversicherungen, deren Leistungen bei Eintreten des versicherten Risikos an den Kreditgeber auszuzahlen sind). Dazu zählen aber auch Bürgschaftsprämien, die zur Absicherung von Krediten z.B. an Bürgschaftsgenossenschaften bezahlt werden.

636 Abgaben, Gebühren, Bewilligungen

636.0 Abgaben und Gebühren

Dazu gehören alle Arten von Abgaben und Gebühren, die im Zusammenhang mit der Leistungserstellung des Betriebes stehen, wie z.B. amtliche Prüfungen von Erzeugnissen, amtliche Eichungen, Registergebühren usw.

637.0 Bewilligungen

Dazu gehören alle Arten von Bewilligungen, die mit der Leistungserstellung des Betriebes im Zusammenhang stehen, wie z.B. Bewilligungen zur Ausübung einer Tätigkeit, Gewerbepatente usw.

Es wird bewusst auf ein Konto **übriger Aufwand für Versicherungen oder Gebühren** verzichtet. Es gilt auch hier der Grundsatz, den einzelnen Geschäftsvorfall sachgerecht auf das zutreffende Konto zu verbuchen. Kann eine bestimmte Aufwandart keinem bestehenden Konto zugewiesen werden, so ist ein neues Konto zu eröffnen und zweckentsprechend zu bezeichnen.

64 Energie- und Entsorgungsaufwand

Dazu gehören sämtliche Bezüge von Energieträgern in allen Formen sowie Frischwasser einerseits, und andererseits die Beseitigung und Entsorgung von Abwasser, Abfällen, Kehricht, Sondermüll, Schlacken usw.
Unternehmen, deren Energieverbrauch als bedeutender Aufwandfaktor mit der Betriebsleistung in direkt messbarem Zusammenhang steht, erfassen den **Energieaufwand als Teil des Materialaufwandes** in der Hauptgruppe 45 (z.B. der Energieaufwand einer Giesserei, der Wasserverbrauch einer Autolavage, der Strom- und Wasserverbrauch einer öffentlichen Sauna usw.).

640 Energieaufwand

640.0 Elektrizität

Dazu gehören sämtliche Strombezüge des Unternehmens wie z.B. Kraftstrom, Lichtstrom, Wärmestrom usw.

641.0 Gas

Dazu gehören Gasbezüge in allen Formen, z.B. Erdgas, Flüssiggas in Flaschen usw.

642.0 Brennstoffe, Heizmaterial

Dazu zählen einerseits die Bezüge von fossilen Brennstoffen aller Art wie z.B. Heizöl, Kohle, Briketts, Holz usw. und andererseits die Bezüge von Fernwärme.

643.0 Wasser

Dazu gehören die Bezüge von Frischwasser und die wiederkehrenden Aufwendungen für Quellennutzung usw.

Unternehmen, bei denen der Wasserverbrauch in direkt messbarem Zusammenhang mit der Leistungserstellung steht (z.B. Autolavagen, öffentliche Schwimmbäder und Saunen, Baumschulen, produzierende Gärtnereien usw.), erfassen ihren **Frischwasserverbrauch als Teil des Materialaufwandes** unter der Gruppe 454.

646 Entsorgungsaufwand

646.0 Entsorgungsaufwand

Dazu gehört die Beseitigung und Entsorgung von Kehricht, Abfällen, Sondermüll, Schlacken, Abwasser usw.

65 Verwaltungs- und Informatikaufwand

650 Verwaltungsaufwand

Hier werden die Aufwendungen für die Verwaltungstätigkeit und Administration des Unternehmens ausgewiesen

650.0 Büromaterial, Drucksachen, Fotokopien, Fachliteratur

Dazu gehören Materialien aller Art, die im Bürobetrieb verbraucht werden, Drucksachen für Administrationszwecke (Werbedrucksachen gehören auf Gruppe 661), Fotokopien, Tonerpatronen für Kopiergeräte usw. Unter Fachliteratur sind Aufwendungen zu verstehen, die zum Aufbau und Ergänzung einer betrieblichen Fachbibliothek dienen, sowie Fachzeitschriften, die im Betrieb aufliegen.

Dagegen gehören Aufwendungen für Fachbücher, die den Mitarbeitern zur beruflichen Weiterbildung abgegeben werden, zum Personalaufwand (Kontenklasse 5).

651.0 Telefon, Telefax, Internet, Porti

Dazu gehören die Aufwendungen für den Telefon- und Faxbetrieb, sowie Aufwendungen für den Anschluss am Internet. Hier sind auch Porti (Postversandspesen, Bezug von Wertzeichen, Aufwendungen für Frankiermaschine usw.) zu erfassen.

652.0 Beiträge, Spenden, Vergabungen, Trinkgelder

Dazu gehören Beiträge an Berufsverbände, Interessengemeinschaften, politische Gruppierungen usw.

Unter Spenden versteht man freiwillige kleinere Geldleistungen an Vereine und Institutionen. Grössere Beträge mit Werbewirkung gehören dagegen zum Werbeaufwand (Gruppe 666). Vergabungen sind Geldleistungen an gemeinnützige Institutionen (Abzugsbeschränkung für

Spenden und Vergabungen gemäss DBG Art. 33 Abs. 1 Bst. i und Art. 59 Bst. c: z. Z. zehn Prozent des steuerbaren Reineinkommens bzw. Reingewinnes).

Unter Trinkgelder versteht man kleinere Barbeträge für Dienstleistungen und Handreichungen von Dritten.

653.0 Buchführungs- und Beratungsaufwand

Dazu gehören die Aufwendungen für die Buchführung durch Dritte, Abschluss- und Steuerberatung, Ausfüllen der Steuererklärung, Honorare für Unternehmensberatung, Rechtsberatung usw.

Die Revisionskosten sind dagegen unter der Gruppe 654 aufzuführen.

654.0 Verwaltungsrat, Generalversammlung, Revisionsstelle

Diese Aufwendungen betreffen die Unternehmen in der Rechtsform der Aktiengesellschaft.

Unter den **Aufwendungen des Verwaltungsrates** versteht man vor allem die Ausgaben im Zusammenhang mit dessen Sitzungstätigkeit (Reisespesen, Verpflegung, Übernachtung usw).

Die **Verwaltungsratshonorare** dagegen sind als AHV-pflichtige Gehaltsaufwendungen beim Lohnaufwand der Verwaltung auszuweisen (Konto 5604).

Die **Tantiemen** an den Verwaltungsrat sind aus dem Bilanzgewinn zu entnehmen und gehören damit zur Gewinnverwendung und nicht zum Verwaltungsaufwand.

Die Aufwendungen für die **Generalversammlung** enthalten insbesondere die Kosten der jährlich abzuhaltenden Aktionärsversammlung (Lokalmiete, Aufwendungen für Essen und Getränke der Aktionäre, Aufwendungen für Druck und Versand des Geschäftsberichtes usw.).

Die Aufwendungen der **Revisionsstelle** ergeben sich aus der gesetzlich umschriebenen Pflicht der Aktiengesellschaft, ihre Buchführung und die Jahresrechnung sowie den Antrag der Verwaltung über die Verwendung des Bilanzgewinnes durch eine unabhängige und fachlich ausgewiesene Revisionsstelle prüfen zu lassen (OR 727/728).

Ferner schreibt OR 729c Abs. 1 vor, dass die Generalversammlung die Jahresrechnung nur dann abnehmen und über die Verwendung des Bilanzgewinnes beschliessen darf, wenn ein Revisionsbericht vorliegt und ein Revisor anwesend ist. Auf die Anwesenheit eines Revisors kann die Generalversammlung allerdings durch einstimmigen Beschluss verzichten (OR 729c Abs. 3).

655.0 Privatanteile Verwaltungsaufwand (Gegenkonto 2852)

In der Praxis werden die Aufwendungen für private Telefongespräche, Fax, Porti, Fotokopien sowie der Verbrauch von Büromaterial für private Zwecke in der Regel vollumfänglich dem Betrieb belastet. In diesen Fällen verlangt die Steuerbehörde die Anrechnung eines Privatanteils am Verwaltungsaufwand im Ausmass der privaten Verwendung (gemäss Merkblatt N1 «Naturalbezüge Selbständigerwerbender»).

656   Informatikaufwand

Hier werden die Aufwendungen des Unternehmens für den Einsatz der Informatik ausgewiesen.

656.0   Leasing und Miete Hard- und Software

Dazu gehören die Aufwendungen für Leasing von Hard- und Software sowie die Miete von Hardwarekomponenten.
Bezüglich Aktivierung des Leasinggutes vergleiche Kommentar zu Gruppe 616.

657.0   Lizenzen und Wartung

Hier geht es um wiederkehrende Aufwendungen für Lizenzen, Updates, Wartung und Hotlines für Hardware und Software, Standleitungsgebühren, Disketten, CDs, Tapes und anderes Verbrauchsmaterial sowie Kleininvestitionen im Informatikbereich.

658.0   Beratung und Entwicklung

Hier geht es um unregelmässig oder einmalig anfallende Aufwendungen für Beratung und Entwicklungsarbeiten im Informatikbereich, wie Konzeptberatung, Individual-Entwicklung und individuelle Anpassungen sowie Einführungsaufwand.

Es wird wiederum bewusst auf ein Konto «übriger Aufwand für Verwaltung und Informatik» verzichtet. Es gilt auch hier der Grundsatz, den einzelnen Geschäftsvorfall sachgerecht auf das zutreffende Konto zu verbuchen. Steht kein passendes Konto zur Verfügung, so ist ein neues Konto zu eröffnen und entsprechend zu bezeichnen.

66   Werbeaufwand

Hier werden alle Aufwendungen ausgewiesen, mit welchen für das Unternehmen und dessen Betriebsleistungen eine Werbewirkung erzielt und der Absatz gefördert werden soll.

Die Werbung kann sachbezogen oder produkteorientiert aufgeteilt werden (siehe Vorschläge unter Gruppe 660).

660   Werbeinserate, elektronische Medien

Dazu gehören Werbeinserate in Tageszeitungen und Fachzeitschriften. Zu den elektronischen Medien gehören Radiowerbung, TV-Werbung, Werbung auf Videotext, Teletext, Internet, CD-ROM usw.

Die Werbung kann sachbezogen oder produkteorientiert aufgeteilt werden, z.B.

6600 Werbeinserate
6601 Radiowerbung
6602 TV-Werbung   } Sachbezogene Aufteilung
6603 Videotext   des Werbeaufwandes
6604 Teletext

oder

6600 Werbeinserate Produkt X
6601 Werbeinserate Produkt Y   } Produktebezogene Aufteilung
6602 TV-Werbung Produkt X   des Werbeaufwandes
6603 TV-Werbung Produkt Y

Möglich ist auch eine Aufteilung des Werbeaufwandes nach Regionen.

661   Werbedrucksachen, Werbematerial, Reklameartikel, Muster
Unter Werbedrucksachen sind alle Arten von Druckerzeugnissen zu verstehen, die der Werbung und Vermarktung der Betriebsleistung dienen, wie Prospekte, Flugblätter, Broschüren, technische Beschriebe, Dokumentationen usw. Zum Werbematerial zählen Rotairs, Werbekleber, Pins, Dias, Zeigfolien usw.
Unter Reklameartikel sind z.B. Ausstellungs- und Vorführartikel sowie Demonstrationsgeräte zu verstehen, die der Vermarktung der Betriebsleistung dienen.
Muster sind Kostproben der Betriebsleistung, die z.B. in kleinen Probiereinheiten zu Werbezwecken gratis an Kunden und Interessenten abgegeben werden.

662   Schaufenster, Dekoration, Fachmessen, Ausstellungen
Dazu gehören alle Aufwendungen im Zusammenhang mit der Gestaltung von Schaufenstern, Dekoration von Verkaufs- und Ausstellungsräumen, Blumenschmuck für die Geschäftslokalitäten usw.
Hier werden auch die Aufwendungen ausgewiesen für die Teilnahme an Fachmessen und Ausstellungen, wie Standmieten samt Nebenkosten für Strom, Gas, Wasser, Aufwendungen für Standbetreuung usw.

664   Reisespesen, Kundenbetreuung
Hier werden die Aufwendungen für Geschäftsreisen zu Repräsentationszwecken und für die Betreuung der Geschäftskunden verbucht. Dazu gehören auch die Kundengeschenke.
Bei der **Mehrwertsteuer** ist der Vorsteuerabzug für **Verpflegung und Getränke** beschränkt (siehe Art. 30 Abs. 2 der MWSTV).
Es empfiehlt sich deshalb die Führung von separaten Konten für eine problemlose Rückforderung der bezahlten Vorsteuern auf geschäftlichen Verpflegungsaufwendungen.

666   Werbebeiträge, Sponsoring
Hier sind Werbebeiträge auszuweisen z.B. für Gemeinschaftswerbung von Interessenverbänden, Beteiligung an Werbeaktionen bei öffentlichen Anlässen usw.

Als Sponsoring gelten werbewirksame Geldleistungen an Sportvereine und kulturelle Anlässe, Unterstützung von Künstlern usw.

667   Öffentlichkeitsarbeit/Public Relations
Hier sind die Aufwendungen für die Organisation und Durchführung von Kundenanlässen, Medienkonferenzen und Firmenjubiläen zu verbuchen.

668   Werbeberatung, Marktanalysen
Hier sind die Aufwendungen für Werbeberatung, Marketingkonzepte und Marktanalysen auszuweisen.

Es wird bewusst auf ein Konto «Übriger Werbeaufwand» verzichtet. Es gilt auch hier der Grundsatz, jeden einzelnen Geschäftsvorfall sachgerecht auf das zutreffende Konto zu verbuchen.
Steht kein passendes Konto zur Verfügung, so ist ein neues Konto zu eröffnen und entsprechend zu bezeichnen.

67   Übriger Betriebsaufwand

Hier werden diejenigen betrieblichen Aufwendungen ausgewiesen, die sich keiner der vorstehenden Hauptgruppen und Gruppen zuordnen lassen.

670   Wirtschaftsauskünfte, Betreibungen
Hier können einerseits die Aufwendungen verbucht werden für die Beurteilung der Kreditwürdigkeit von Kunden und Geschäftspartnern und andererseits alle Aufwendungen im Zusammenhang mit der Eintreibung von Forderungen aller Art.
Inkassospesen können aber auch als Ertragsminderung verbucht werden in der Kontenklasse 3 «Betriebsertrag aus Lieferungen und Leistungen» (z.B. Konto 3009, Gruppe 309, Hauptgruppe 39).

671   Betriebssicherheit und Bewachung
Hier sind die Aufwendungen zu verbuchen, die Zwecken der Betriebssicherheit und Betriebsbewachung dienen, wie z.B. Miete und Unterhalt von Sicherheitssystemen, Aufwendungen für Sicherheitsstudien, Honorare an Bewachungsgesellschaften, Miete und Unterhalt von Alarmanlagen usw.

672   Forschung und Entwicklung
Hier sind Aufwendungen für Forschung und Entwicklung zu verbuchen, sofern sie nicht aktivierbar sind (siehe Kommentar zu 180.0 «Aktivierter Aufwand», speziell 182.00 «Forschungs- und Entwicklungsaufwand» und Bemerkungen zu 184.00 «Übriger aktivierter Aufwand»).

Fehlende Konten

Steht für eine bestimmte betriebliche Aufwandart in den vorstehenden Kontenhauptgruppen und Kontengruppen des sonstigen Betriebsaufwandes gemäss Kontenklasse 6 kein passendes Konto zur Verfügung, so kann hier ein **neues Konto** eröffnet und sachgerecht bezeichnet werden. Hat der betreffende Aufwand für das Unternehmen eine besondere Bedeutung oder betragsmässiges Gewicht, so kann an dieser Stelle auch eine **spezielle Kontengruppe** geschaffen und zweckentsprechend bezeichnet werden.

68   Finanzerfolg

Nach OR 663 Abs. 2 und 3 sind in der Erfolgsrechnung der **Finanzertrag** und der **Finanzaufwand** gesondert auszuweisen.

Gemäss FER Nr. 7, welche Mindestgliederungsempfehlungen zur Bilanz und Erfolgsrechnung enthält, ist das **Finanzergebnis** des Unternehmens in der Erfolgsrechnung separat auszuweisen.
Gesetz und Fachempfehlung folgend, wird somit der Finanzerfolg in der Hauptgruppe 68 gesondert ausgewiesen.

Die Kontenuntergruppen 680.0 bis 684.0 sind für den Finanzaufwand und die Kontenuntergruppen 685.0 bis 689.0 für den Finanzertrag vorgesehen.

Damit wird allerdings in einer Kontenhauptgruppe Aufwand und Ertrag einander gegenübergestellt, was aber unvermeidbar ist, wenn das Finanzergebnis ermittelt werden soll.

Die Einreihung des Finanzerfolges in der Hauptgruppe 68 und somit im Bereich des Betriebsaufwandes erfolgt aus sachlichen Überlegungen. In der Mehrzahl aller KMU überwiegt betragsmässig der Finanzaufwand gegenüber dem Finanzertrag, so dass sich als Ergebnis in der Regel ein Aufwandüberschuss ergibt, was eine Einreihung des Finanzergebnisses im Bereich des Betriebsaufwandes in der Kontenklasse 6 rechtfertigt.

Unternehmen mit hohen betrieblichen Liquiditätsreserven und Finanzanlagen, deren Erträge den Finanzaufwand übersteigen, können den Finanzerfolg in der Kontenklasse 7 «Betriebliche Nebenerfolge», und zwar in der Hauptgruppe 74 «Erfolg aus Finanzanlagen» ausweisen.
Diese Möglichkeit wird vor allem dann empfohlen, wenn das Finanzergebnis mit der betrieblichen Leistungserstellung nicht mehr in direktem Zusammenhang steht.

Ist der Finanzerfolg auf **betriebsfremde Finanzanlagen** zurückzuführen, so ist er in der Kontenklasse 8 «Ausserordentlicher und betriebsfremder Erfolg» zu führen (Gruppe 840 «Erfolg betriebsfremde Finanzanlagen»).
Für die Abgrenzung zwischen betrieblichen, nicht betriebsnotwendigen und betriebsfremden Liquiditätsreserven und Finanzanlagen gibt es keine festen Regeln.

680 Finanzaufwand

Hier ist der Finanzaufwand auszuweisen, welcher aus denjenigen Finanzverbindlichkeiten resultiert, die mit der betrieblichen Leistungserstellung direkt oder indirekt in Zusammenhang stehen.

680.0 Zinsaufwand aus Finanzverbindlichkeiten gegenüber Dritten
Dazu gehören Bankkreditzinsen und Darlehenszinsaufwendungen. Hypothekarzinsaufwendungen sind ebenfalls hier zu verbuchen, falls keine separate betriebliche Liegenschaftsrechnung (Hauptgruppe 75 «Erfolg betriebliche Liegenschaften») geführt wird oder wenn die Liegenschaft zum Zweck der Betriebsmittelbeschaffung verpfändet worden ist.
Hier können aber auch bezahlte Verzugszinsen und geleistete Zinsaufwendungen für Vorauszahlungen von Kunden verbucht werden.

681.0 Zinsaufwand aus Finanzverbindlichkeiten gegenüber Konzerngesellschaften
Der separate Ausweis des Zinsaufwandes aus Finanzverbindlichkeiten bei Konzerngesellschaften steht im Zusammenhang mit dem in OR 663a Abs. 4 geforderten gesonderten Ausweis von Verbindlichkeiten gegenüber anderen Gesellschaften des Konzerns.

682.0 Zinsaufwand aus Finanzverbindlichkeiten gegenüber Aktionären
Der separate Ausweis des Zinsaufwandes aus Finanzverbindlichkeiten bei Aktionären steht im Zusammenhang mit dem in OR 663a Abs. 4 geforderten gesonderten Ausweis von Verbindlichkeiten gegenüber Aktionären, die eine Beteiligung von mindestens 20 Prozent der Stimmen an der Gesellschaft halten (OR 665a).

683.0 Zinsaufwand aus Finanzverbindlichkeiten gegenüber Vorsorgeeinrichtungen
Der separate Ausweis des Zinsaufwandes aus Finanzverbindlichkeiten bei Vorsorgeeinrichtungen steht im Zusammenhang mit dem in OR 663b Abs. 5 verlangten Ausweis der Verbindlichkeiten gegenüber Vorsorgeeinrichtungen im Anhang zur Jahresrechnung.

684.0 Übriger Finanzaufwand
Dazu gehören Bank- und Postcheckspesen, Depotgebühren sowie Kursverluste auf flüssigen Mitteln und Wertschriften, auf Finanzanlagen und auf Finanzverbindlichkeiten.

6845 Gewährte Kundenskonti
Werden an Kunden gewährte Skonti als Element des Finanzergebnisses betrachtet, so sind sie hier als Finanzaufwand zu erfassen.

685 Finanzertrag

Hier ist der Ertrag auszuweisen, der aus der Kapitalanlage in flüssigen Mitteln, Wertschriften und Finanzanlagen fliesst und direkt oder indirekt mit der Leistungserstellung des Betriebes in Zusammenhang steht.

685.0 Erträge aus flüssigen Mitteln und Wertschriften

(Bilanz, Kontengruppe 100)

Dazu gehören die Zinserträge aus Postcheck- und Bankguthaben, Erträge aus kurzfristigen Geldanlagen, Erträge aus kurzfristig realisierbaren Wertschriften (kotierte Titel), Erträge aus anderen kurzfristigen Anlagen sowie Dividenden aus eigenen Aktien, die auf kurze Sicht (im Umlaufvermögen) gehalten werden.

686.0 Erträge aus Finanzanlagen

(Bilanz, Kontengruppe 140)

Dazu gehören die Erträge aus Wertpapieren des Anlagevermögens, aus anderen Finanzanlagen, aus Beteiligungen, aus langfristigen Forderungen gegenüber Dritten (z.B. Darlehensforderungen und Aktivhypotheken) sowie Dividenden aus eigenen Aktien, die auf längere Sicht (im Anlagevermögen) gehalten werden.

687.0 Erträge aus Finanzanlagen bei Konzerngesellschaften

Der separate Ausweis der Erträge aus Finanzanlagen bei Konzerngesellschaften steht im Zusammenhang mit dem in OR 663a Abs.4 geforderten gesonderten Ausweis der Forderungen gegenüber anderen Gesellschaften des Konzerns.

688.0 Erträge aus Finanzanlagen bei Aktionären

Der separate Ausweis der Erträge aus Finanzanlagen bei Aktionären steht im Zusammenhang mit dem in OR 663a Abs.4 geforderten gesonderten Ausweis der Forderungen gegenüber Aktionären, die eine Beteiligung von mindestens 20 Prozent der Stimmen an der Gesellschaft halten (OR 665a).

689.0 Übriger Finanzertrag

Dazu gehören Verzugszinserträge, Vergütungszinserträge, Erträge aus Vorauszahlungen (z.B. auf Steuervorauszahlungen) sowie Kursgewinne aus flüssigen Mitteln und Wertschriften, aus Finanzanlagen und aus Finanzverbindlichkeiten.

6895 Erhaltene Lieferantenskonti

Werden von Lieferanten erhaltene Skonti als Element des Finanzergebnisses betrachtet, so sind sie hier als Finanzertrag zu erfassen.

Verbuchung von Zinserträgen, die der Verrechnungssteuer unterliegen

Gemäss Merkblatt «Verbuchung der verrechnungssteuerbelasteten Einkünfte als Ertrag bei doppelter Buchhaltung», herausgegeben von der Eidgenössischen Steuerverwaltung, Abteilung Stempelabgaben und Verrechnungssteuer, sind die verrechnungssteuerbelasteten Erträge mit dem Bruttoertrag (d.h. vor Abzug der Verrechnungssteuer) auf dem Ertragskonto (z.B. Konto 6860) zu verbuchen.

Der Betrag der abgezogenen Verrechnungssteuer von 35 Prozent ist dem Konto 1176 «Guthaben Verrechnungssteuer» zu belasten, dem anderseits auch die zurückerhaltenen Verrechnungssteuerbeträge bei Eingang gutzuschreiben sind.

Beispiel: Zinsertrag auf Obligation Fr. 100.–

Buchung		Konto
Zinsertrag auf Obligation brutto	Fr. 100.–	**6860** Haben
Verrechnungssteuerguthaben 35%	Fr. 35.–	**1176** Soll
Zinsertrag netto	Fr. 65.–	**1020** Soll

Der **Finanzerfolg** (Finanzergebnis) ergibt sich als Resultat aus der Gegenüberstellung des Finanzaufwandes mit dem Finanzertrag:

Finanzaufwand	Kontenuntergruppen 680.0 bis 684.0
– *Finanzertrag*	Kontenuntergruppen 685.0 bis 689.0
= **Finanzerfolg**	(Aufwandüberschuss)

Bei Ertragsüberschuss evtl. Hauptgruppe 74 benützen.

69   Abschreibungen (OR 663 Abs. 3 und 669)

Unter den Begriff der Abschreibungen fallen die Wertverminderung des Anlagevermögens.

OR 663 Abs. 3 verlangt den gesonderten Ausweis der Abschreibungen in der Erfolgsrechnung.

Die Gründe für die Abschreibungen sind mannigfaltig, z.B. Wertverminderung infolge Abnützung durch Gebrauch, Alter, Fortschritt der Technik, Demodierung, konjunkturelle Entwicklungen, Veränderungen des wirtschaftlichen Umfeldes usw.

Der Umfang der notwendigen Abschreibungen bemisst sich unter der Annahme der Fortführung der Unternehmenstätigkeit nach dem Gebrauchswert und der restlichen Nutzungsdauer des Anlageobjektes.

Gemäss OR 669 müssen Abschreibungen, Wertberichtigungen und Rückstellungen vorgenommen werden, soweit sie nach allgemein anerkannten kaufmännischen Grundsätzen (OR 959) notwendig sind.

OR 665 bestimmt, dass das Anlagevermögen höchstens zu den Anschaffungs- oder Herstellungskosten zu bewerten ist, unter Abzug der notwendigen Abschreibungen.

Das Gesetz verlangt damit zwingend die Vornahme von Abschreibungen im Ausmass der eingetretenen Wertverminderung.

OR 665 und OR 960 Abs. 2 verbieten jede **Überbewertung** des Anlagevermögens.

Demgegenüber lässt aber OR 669 Abs. 2 und 3, die Unterbewertung durch Bildung von **stillen Reserven,** die über das Mass der nach allgemein anerkannten kaufmännischen Grundsätzen notwendigen Abschreibungen, Wertberichtigungen und Rückstellungen hinausgehen, zu.

Damit wird einer **Unterbewertung** des betrieblichen Anlagevermögens durch das Handelsrecht keine Grenze gesetzt.

Diese Grenze wird in der Praxis aber durch das Steuerrecht gezogen. Gemäss Art. 27 Abs. 2 Bst. a sowie Art. 28 und 62 des DBG sind Abschreibungen zulässig, soweit sie geschäftsmässig begründet und in der kaufmännischen Buchführung oder in besonderen Abschreibungstabellen ausgewiesen sind.

Aus praktischen Gründen, und wohl auch um die steuerliche Einschätzungsarbeit zu erleichtern, werden durch die Eidgenössische Steuerverwaltung periodisch **Abschreibungssätze** auf dem Anlagevermögen geschäftlicher Betriebe publiziert (Merkblatt A «Abschreibungen auf dem Anlagevermögen geschäftlicher Betriebe»).

Die Abschreibungssätze finden sich im Kommentar unter den entsprechenden Gruppen des Anlagevermögens:

150 Mobile Sachanlagen
160 Immobile Sachanlagen
170 Immaterielle Anlagen

Die Gliederung der Abschreibungen in der Erfolgsrechnung erfolgt in Anlehnung an die Reihenfolge beim Anlagevermögen gemäss Bilanz.

690 Abschreibung auf Finanzanlagen

Die Wertverminderung von Finanzanlagen kann durch die Entwicklung der Finanzmärkte, Abnahme des inneren Wertes von Beteiligungspapieren, Verschlechterung der Schuldnerbonität usw. ausgelöst werden. Die Abschreibungen können eventuell weiter unterteilt werden, z.B. Wertpapiere des Anlagevermögens und andere Finanzanlagen.

691 Abschreibung auf Beteiligungen an Konzerngesellschaften

Evtl. weiter unterteilt in Tochter A, Tochter B usw.

692 Abschreibung auf mobilen Sachanlagen

Evtl. weiter unterteilt in Maschinen und Apparate Produktion, Mobiliar und Einrichtungen usw.

693 Abschreibungen auf immobilen Sachanlagen

Evtl. weiter unterteilt in Geschäftsliegenschaften, Fabrikgebäude usw.

694 Abschreibungen auf immateriellen Anlagen

Evtl. weiter unterteilt in Patente, Marken, Goodwill usw.

695 Abschreibungen auf aktiviertem Aufwand

Evtl. weiter unterteilt in Gründungsaufwand, Forschungs- und Entwicklungsaufwand usw.

Zu beachten sind die Bestimmungen nach OR 664, wonach bilanzierte Gründungs-, Kapitalerhöhungs- und Organisationskosten innerhalb von fünf Jahren abzuschreiben sind.

7   Betriebliche Nebenerfolge

Der gesonderte Ausweis der betrieblichen Nebenerfolge dient der buchhalterischen Trennung der Kerngeschäfte, die sich aus der Haupttätigkeit des Unternehmens ergeben von den Nebenbereichen, die in der Kontenklasse 7 als eigenständige Profit-Centers (mit separater Erfolgsrechnung) geführt werden können.

Die betrieblichen Nebenerfolge werden in folgende Hauptgruppen aufgeteilt:

70   Erfolg aus Nebenbetrieben
74   Erfolg aus Finanzanlagen
75   Erfolg betriebliche Liegenschaften
79   Gewinne aus Veräusserung
       von betrieblichem Anlagevermögen

70   Erfolg aus Nebenbetrieben

Vor allem Betriebe in der Rechtsform einer Einzelfirma oder Personengesellschaft können für **Nebenbetriebe** und **Filialbetriebe**, die ohne eigene Rechtsperson rechnerisch innerhalb der Buchhaltung der Einzelfirma geführt werden, eine separate, eigenständige Erfolgsrechnung in der Kontenklasse 7 erstellen, nach folgendem Muster:

700   Erfolg Nebenbetrieb 1

700.0 Ertrag Nebenbetrieb 1
7000   Bruttoertrag
7009   Ertragsminderungen

– **701.0 Aufwand Nebenbetrieb 1**
7010   Materialaufwand
7011   Personalaufwand
7012   Raumaufwand
7013   Unterhalt, Reparaturen, Ersatz, Leasingaufwand
7014   Fahrzeug- und Transportaufwand
7015   Sachversicherungen, Abgaben, Gebühren, Bewilligungen
7016   Energie- und Entsorgungsaufwand
7017   Verwaltungs- und Informatikaufwand
7018   Werbeaufwand
7019   Übriger Aufwand

= **Erfolg Nebenbetrieb 1**

702   Erfolg Nebenbetrieb 2

702.0   Ertrag Nebenbetrieb 2

703.0   Aufwand Nebenbetrieb 2

Die Kontengruppen 704 bis 709 stehen zur Verfügung für weitere Nebenbetriebe und Sonderrechnungen des Betriebes.

Aktiengesellschaften werden dagegen aus Gründen einer erleichterten **Konsolidierung** der Jahresrechnung, betriebliche Nebenerfolge eher mit **mehrstelligen Konten** darstellen, z.B. unter Verwendung von zwei zusätzlichen Stellen:

> 300000 Ertrag Hauptbetrieb
> 300001 Ertrag Nebenbetrieb 1
> 300002 Ertrag Nebenbetrieb 2

74   Erfolg aus Finanzanlagen

In der Kontenklasse 7 kann auch der Erfolg aus Finanzanlagen gesondert ausgewiesen werden. Dies ist dann zu empfehlen, wenn die Finanzanlagen ein Ausmass erreichen, welches den Rahmen der üblichen betrieblichen Tätigkeit sprengt. Vergleiche dazu auch den Kommentar zu Hauptgruppe 68 «Finanzerfolg».

740   Ertrag aus Finanzanlagen
Evtl. weiter unterteilt in Erträge aus flüssigen Mitteln und Wertschriften, Erträge aus anderen Finanzanlagen, Erträge aus Finanzanlagen bei Konzerngesellschaften, Erträge aus Finanzanlagen bei Aktionären usw.

741   Aufwand aus Finanzanlagen
Evtl. weiter unterteilt in Bank- und PC-Spesen, Depotgebühren, Kursverluste aus Finanzanlagen, Wertberichtigung aus Finanzanlagen usw.

Der **Erfolg aus Finanzanlagen** ergibt sich als Resultat aus der Gegenüberstellung:

Ertrag aus Finanzanlagen	Kontengruppe 740
– *Aufwand aus Finanzanlagen*	Kontengruppe 741
= Erfolg aus Finanzanlagen	

75   Erfolg betriebliche Liegenschaften

Die Kontenklasse 7 dient zudem der getrennten Führung einer betrieblichen Liegenschaftsrechnung als eigenes Profit-Center.
Dies ist vor allem bei Einzelfirmen zu empfehlen, welche ihre Geschäftstätigkeit in der eigenen Liegenschaft betreiben.

Bei der direkten Bundessteuer werden gemäss Art. 18 Abs. 2 gemischt genutzte Liegenschaften dem Geschäftsvermögen zugeordnet, wenn ihre geschäftliche Nutzung die private Nutzung überwiegt (Präponderanzmethode). Vergleiche dazu den Kommentar zu Hauptgruppe 16 «Immobile Sachanlagen», speziell Gruppe 160 «Geschäftsliegenschaften».

Wenn nun also der Anteil der geschäftlichen Nutzung mehr als 50 Prozent beträgt, so ist die Geschäftsliegenschaft zu bilanzieren, und dann empfiehlt sich auch die Führung einer separaten betrieblichen Liegenschaftsrechnung in der Kontenklasse 7, nach folgendem Muster:

750   Erfolg betriebliche Liegenschaft 1

750.0 Ertrag betriebliche Liegenschaft 1
7500 Eigenmietwerte Geschäftslokalitäten
7501 Eigenmietwert Privatwohnung
7502 Mietzinseinnahmen Geschäftslokalitäten
7503 Mietzinseinnahmen Wohnungen
7504 Mietzinseinnahmen Garagen

− 751.0 Aufwand betriebliche Liegenschaft 1
7510 Hypothekarzinsaufwand
7511 Liegenschaftsunterhalt
7512 Abgaben, Gebühren, Objektsteuern
7513 Versicherungsprämien (Gebäudeversicherung)
7514 Wasser, Abwasser
7515 Kehricht, Entsorgung
7516 Verwaltungsaufwand

= Erfolg betriebliche Liegenschaft 1

752   Erfolg betriebliche Liegenschaft 2

752.0 Ertrag betriebliche Liegenschaft 2

753.0 Aufwand betriebliche Liegenschaft 2

Die Kontengruppen 754 bis 789 stehen bei Bedarf zur Verfügung für weitere Liegenschaftsrechnungen des Betriebes nach vorstehendem Muster.

KONTENRAHMENKMU ▬▬▬▬▬▬▬▬▬▬ **191**

79 Gewinne aus Veräusserung von betrieblichem Anlagevermögen

OR 663 Abs. 2 verlangt den gesonderten Ausweis von Gewinnen aus Veräusserung von Anlagevermögen. Dieser Forderung wird mit der Hauptgruppe 79 entsprochen.

Es sind nur die realisierten **ordentlichen Gewinne** auszuweisen, die im Rahmen der normalen Betriebstätigkeit erzielt wurden.

> *Beispiel*
> Ein Taxiunternehmen verkauft im Rahmen seiner ordentlichen Flottenerneuerung regelmässig ein oder mehrere Fahrzeuge pro Jahr, zu Preisen, die über dem Bilanzwert (Buchwert) der betreffenden Objekte liegen.

Ausserordentliche Gewinne dagegen, die in ihrer Art einmalig sind oder in einem besonders hohen Betrag anfallen, gehören zum ausserordentlichen Erfolg, und sind somit in der Kontenklasse 8 «Ausserordentlicher Erfolg» (Konto 8004) auszuweisen.

> *Beispiel*
> Aus dem Verkauf der betrieblichen Baulandreserve wird ein hoher Grundstückgewinn erzielt.

Die Gliederung der Gewinne aus der Veräusserung von betrieblichem Anlagevermögen erfolgt in Anlehnung an die Reihenfolge beim Anlagevermögen gemäss Bilanz:

790 Gewinne aus Finanzanlagen
Evtl. weiter unterteilt in Gewinne aus Wertpapieren des Anlagevermögens, Gewinne aus anderen Finanzanlagen und Gewinne aus Beteiligungen.

791 Gewinne aus mobilen Sachanlagen
Evtl. weiter unterteilt in Gewinne aus dem Verkauf von Betriebseinrichtungen, Gewinne aus dem Verkauf von Fahrzeugen usw.

792 Gewinne aus immobilen Sachanlagen
Gewinne aus Verkäufen von Grundstücken und Liegenschaften des Geschäftsvermögens.

793 Gewinne aus immateriellen Anlagen
Gewinne aus Verkäufen von Patenten, Marken, Lizenzen, Urheberrechten, Realisierung Goodwill usw.

Ein **Gewinn aus Veräusserung von betrieblichem Anlagevermögen** ergibt sich, wenn der Verkaufserlös den Buchwert (Bilanzwert) des verkauften Anlagegegenstandes übersteigt:

> Erlös des verkauften Anlagegutes
> – *Bilanzwert (Buchwert)*
>
> **= Gewinn**

Ergibt sich aus dem Verkauf ein **Verlust,** so kann dieser als Restabschreibung in der Hauptgruppe 69 ausgewiesen werden, da auf dem entsprechenden Anlagegegenstand in der Vergangenheit offensichtlich zuwenig abgeschrieben worden ist.

Sachlich handelt es sich zwar um einen periodenfremden Aufwand, doch kann diese Art der Verbuchung vertreten werden, solange die Restabschreibung im Rahmen einer ordentlichen Jahresabschreibung des verkauften Anlagegegenstandes liegt.

Fällt der Verlust indessen ausserordentlich hoch an, so ist er auf Konto 8014 «Ausserordentliche Verluste aus Veräusserung von Anlagevermögen» auszuweisen.

8 Ausserordentlicher und betriebsfremder Erfolg, Steuern

Nach OR 663 weist die Erfolgsrechnung betriebliche und betriebsfremde sowie ausserordentliche Erträge und Aufwendungen aus.

Der neue Kontenrahmen kommt der vom Gesetz geforderten Unterteilung in dem Sinne nach, dass die betrieblichen Erträge und Aufwendungen in den Kontenklassen 3 bis 7 dargestellt werden, währenddem die ausserordentlichen und betriebsfremden Erträge und Aufwendungen in der Kontenklasse 8 auszuweisen sind.

Ob nun ein Geschäftsvorfall betrieblich, betriebsfremd oder ausserordentlich ist, entscheidet sich jeweils aufgrund der konkreten Verhältnisse und der Bedeutung des Buchungstatbestandes für das betreffende Unternehmen im Zeitpunkt der Erfassung.

Ohne Zweifel ist hier ein erheblicher Interpretationsspielraum vorhanden, der in zahlreichen Fällen zu Abgrenzungsproblemen führen dürfte.

Die Kontenklasse 8 wird in folgende Hauptgruppen aufgeteilt:

80   Ausserordentlicher Erfolg
82   Betriebsfremder Erfolg
88   Minderheitsanteile am Ergebnis
89   Steuern

80   Ausserordentlicher Erfolg

Die ausserordentlichen Erträge und Aufwendungen werden dadurch gekennzeichnet, dass sie in ihrer Art einmalig und/oder in ihrem Ausmass – unter Würdigung der konkreten Verhältnisse des Unternehmens – von ausserordentlicher Bedeutung sind.

Sie stehen in der Regel mit der Unternehmenstätigkeit in Zusammenhang.

Auch **periodenfremde Erträge und Aufwendungen** können je nach Situation als ausserordentlich charakterisiert werden.

Die Hauptgruppe 80 wird wie folgt aufgeteilt:

> 800 Ausserordentlicher Ertrag
> 801 Ausserordentlicher Aufwand

Damit zeigt die Hauptgruppe 80 als Resultat den ausserordentlichen Erfolg.

800   Ausserordentlicher Ertrag

Ausserordentliche Erträge sind dadurch charakterisiert, dass sie in ihrer Art einmalig und/oder in ihrem Ausmass für das Unternehmen von ausserordentlicher Bedeutung sind. Sie stehen in der Regel mit der Betriebstätigkeit in Zusammenhang.

Das Gesetz macht dazu keine näheren Angaben, und damit ist es der Praxis überlassen, die notwendigen Abgrenzungen zu treffen.

Weil die Qualifikation von ausserordentlichen Erträgen im Steuerrecht von Bedeutung ist, werden sie im DBG Art. 206 Abs. 3 aufgezählt:

- Erzielte Kapitalgewinne
- Buchmässige Aufwertungen von Vermögensgegenständen
- Auflösung von Rückstellungen
- Unterlassung geschäftsmässig begründeter Abschreibungen und Rückstellungen

Es sind **folgende Konten** vorgesehen:

8000	Auflösung von Reserven
8001	Auflösung von nicht benötigten Rückstellungen
8002	Buchmässige Aufwertungen
8003	Ausserordentliche Währungsgewinne
8004	Ausserordentliche Gewinne aus Veräusserung von Anlagevermögen
8005	Erhaltene Subventionen
8006	Erhaltene Inkonvenienzentschädigungen

801   Ausserordentlicher Aufwand

Ausserordentliche Aufwendungen sind dadurch gekennzeichnet, dass sie in ihrer Art einmalig und/oder in ihrem Ausmass für das Unternehmen von ausserordentlicher Bedeutung sind. Sie stehen in der Regel mit der Betriebstätigkeit in Zusammenhang. Das Gesetz macht dazu keine näheren Angaben, und damit ist es der Praxis überlassen, die notwendigen Abgrenzungen zu treffen.

KONTENRAHMENKMU   **195**

Häufigste ausserordentliche Aufwendungen (in Anlehnung an das Einlageblatt 20 zur bernischen Steuererklärung):

– Kapitalverluste
– Ausserordentliche Abschreibungen auf Betriebsanlagen
– Abschreibungen auf Goodwill
– Abschreibungen auf Gründungskosten
– Ausserordentliche Debitorenverluste
– Bildung der Delkredererückstellung
– Bildung der privilegierten Reserve auf dem Warenlager
– Bildung ausserordentlicher Rückstellungen
– Bildung Arbeitsbeschaffungsreserve
– Bildung Arbeitgeberbeitragsreserve
– Verluste aus Bürgschaften, Garantieverpflichtungen usw.

Es sind **folgende Konten** vorgesehen:

8010	Ausserordentliche Reservenbildung
8011	Ausserordentliche Rückstellungen
8012	Ausserordentliche Abschreibungen
8013	Ausserordentliche Währungsverluste
8014	Ausserordentliche Verluste aus Veräusserung von Anlagevermögen
8015	Ausserordentliche Debitorenverluste
8016	Inkonvenienzzahlungen

82   Betriebsfremder Erfolg

Die Hauptgruppe 82 steht für die buchhalterische Erfassung des betriebsfremden Erfolges zur Verfügung.

Ob ein Geschäftsvorfall betrieblich oder betriebsfremd ist, entscheidet sich jeweils aufgrund der konkreten Verhältnisse und der Bedeutung des Buchungstatbestandes für das betreffende Unternehmen im Zeitpunkt der Erfassung.

Betriebsfremd bedeutet, nicht mit der eigentlichen Unternehmenstätigkeit in ursächlichem Zusammenhang stehend.

Beispiel
Ein Unternehmer aus der Baubranche hat ein Flair für die elektronische Datenverarbeitung. Er entwickelt in Zusammenarbeit mit einem EDV-Programmierer eine praxisbezogene branchenspezifische Software für die Auftragsbearbeitung in seiner Branche. Diese Programme vertreibt er auf eigene Rechnung über seine Baufirma.

Damit der **Erfolg aus einer betriebsfremden Tätigkeit** ermittelt werden kann, ist in der Gruppe 820 «Erfolg betriebsfremde Unternehmensteile» eine separate, eigenständige Erfolgsrechnung nach folgendem Muster zu erstellen:

820 Erfolg betriebsfremde Unternehmensteile

820.0 Erfolg betriebsfremder Unternehmensteil 1

820.00 Ertrag betriebsfremder Unternehmensteil 1
8200 Bruttoertrag
8209 Ertragsminderungen

– 821.00 Aufwand betriebsfremder Unternehmensteil 1
8210 Aufwand für Material, Waren und Drittleistungen
8211 Personalaufwand
8212 Raumaufwand
8213 Unterhalt, Reparaturen, Ersatz, Leasingaufwand
8214 Fahrzeug- und Transportaufwand
8215 Sachversicherungen, Abgaben, Gebühren, Bewilligungen
8216 Energie- und Entsorgungsaufwand
8217 Verwaltungs- und Informatikaufwand
8218 Werbeaufwand
8219 Übriger Aufwand

= Erfolg betriebsfremder Unternehmensteil 1

822.0 Erfolg betriebsfremder Unternehmensteil 2

822.00 Ertrag betriebsfremder Unternehmensteil 2

823.00 Aufwand betriebsfremder Unternehmensteil 2

Die Kontengruppen 824 bis 839 stehen zur Verfügung für weitere betriebsfremde Unternehmensteile und Sonderrechnungen.

Die im Zusammenhang mit der betriebsfremden Tätigkeit stehenden Vermögenswerte und Verbindlichkeiten sind in der Bilanz unter dem betriebsfremden Vermögen (Hauptgruppe 19) bzw. unter dem betriebsfremden Fremdkapital (Hauptgruppe 27) auszuweisen. Vergleiche Kommentar zu den Hauptgruppen 19 und 27.

840 Erfolg betriebsfremde Finanzanlagen

Hier ist der Finanzerfolg auszuweisen, welcher nicht mit der Unternehmenstätigkeit in Zusammenhang steht, z.B. der Finanzertrag aus betriebsfremden Kapitalanlagen gemäss Hauptgruppe 19 «Betriebsfremde Vermögen».
Vergleiche dazu auch den Kommentar unter 68 «Finanzerfolg».

840.0 Ertrag betriebsfremde Finanzanlagen
Evtl. weiter unterteilt in Erträge aus betriebsfremden flüssigen Mitteln und Wertschriften und Erträge aus anderen betriebsfremden Finanzanlagen.

KONTENRAHMENKMU

841.0 Aufwand betriebsfremde Finanzanlagen

Evtl. weiter unterteilt in Bank- und PC-Spesen, Depotgebühren, Kursverluste auf betriebsfremden Finanzanlagen, Wertberichtigung auf betriebsfremden Finanzanlagen usw.

Der **Erfolg aus den betriebsfremden Finanzanlagen** ergibt sich als Resultat aus der Gegenüberstellung:

> Ertrag betriebsfremde Finanzanlagen   Untergruppe   840.0
> *– Aufwand betriebsfremde Finanzanlagen*   Untergruppe   841.0
>
> **= Erfolg betriebsfremde Finanzanlagen**

850   Erfolg betriebsfremde Liegenschaften

Hier ist der Erfolg von betriebsfremden Liegenschaften auszuweisen. Betriebsfremd sind Liegenschaften dann, wenn sie weder zu betrieblichen Zwecken genutzt noch mit der Unternehmenstätigkeit in Zusammenhang stehen (z.B. ein Mehrfamilienhaus als reine Kapitalanlage).

Werden dagegen in einem Mehrfamilienhaus zinsgünstige Wohnungen an das Betriebspersonal vermietet, so besteht ein betrieblicher Zusammenhang, und diese Liegenschaft gehört dann unter 166.0 «Personalwohnhäuser».

Für betriebsfremde Liegenschaften kann in der Gruppe 850 eine separate Liegenschaftsrechnung geführt werden nach folgendem Muster:

850.0 Erfolg betriebsfremde Liegenschaft 1

> **850.00 Ertrag betriebsfremde Liegenschaft 1**
> 8500   Mietzinsertrag Geschäftslokalitäten (Fremdmieter)
> 8501   Mietzinsertrag Wohnungen
> 8502   Mietzinsertrag Garagen
> 8503   Eigenmietwert (bei Selbstbenützung)
>
> **– 851.00 Aufwand betriebsfremde Liegenschaft 1**
> 8510   Hypothekarzinsaufwand
> 8511   Liegenschaftsunterhalt
> 8512   Abgaben, Gebühren, Objektsteuern
> 8513   Versicherungsprämien (Gebäudeversicherung)
> 8514   Wasser, Abwasser
> 8515   Kehricht, Entsorgung
> 8516   Verwaltungsaufwand
>
> **= Erfolg betriebsfremde Liegenschaft 1**

852.0 Erfolg betriebsfremde Liegenschaft 2

852.00 Ertrag betriebsfremde Liegenschaft 2

853.00 Aufwand betriebsfremde Liegenschaft 2

Die Kontengruppen 854 bis 869 stehen bei Bedarf zur Verfügung für weitere betriebsfremde Liegenschaftsrechnungen gemäss vorstehendem Muster.

870 Sonstiger betriebsfremder Erfolg

Hier sind alle übrigen betriebsfremden Erträge und Aufwendungen auszuweisen, die nicht mit der eigentlichen Unternehmenstätigkeit in Zusammenhang stehen.

870.0 Sonstiger betriebsfremder Ertrag

Es handelt sich um Erträge, die nicht mit der eigentlichen Unternehmenstätigkeit in Zusammenhang stehen, wie Honorareinnahmen für Expertisen, Referate, Publizistik sowie Honorare und Sitzungsgelder für Verwaltungsratsmandate in anderen Unternehmen, sofern die Entschädigungen für diese ausserbetrieblichen Tätigkeiten (z.B. von Mitgliedern der Betriebsleitung) dem Unternehmen zufliessen.

871.0 Sonstiger betriebsfremder Aufwand

Hier können Aufwendungen ausgewiesen werden, die nicht mit der eigentlichen Unternehmenstätigkeit in Zusammenhang stehen, z.B. die Aufwendungen zur Erzielung des betriebsfremden Ertrages gemäss Untergruppe 870.0, wie Reisespesen, Verpflegung und Übernachtungen im Rahmen der Publizistik-, Referenten- und Sitzungstätigkeit.

88 Minderheitsanteile am Ergebnis

Sofern die Minderheitsansprüche am Ergebnis als Aufwand (entsprechend der Eingliederung in der Bilanz ins Fremdkapital) oder nach der Niemandsland-Theorie betrachtet werden. Vergleiche dazu den Kommentar zu den Minderheitsanteilen in der Bilanz (nach der Hauptgruppe 27).

Werden die Aktionäre der Obergesellschaft und jene der Tochtergesellschaften wirtschaftlich als Eigentümer betrachtet (entsprechend der Eingliederung in der Bilanz ins Eigenkapital), so wird der Konzerngewinn nicht nach dem Anteil der Aktionäre der Obergesellschaft und dem Anteil der Minderheitsaktionäre von Tochtergesellschaften aufgeschlüsselt.

Das in der Konzernerfolgsrechnung ausgewiesene Unternehmensergebnis ist deshalb durch den Vermerk zu ergänzen: «davon Minderheitsanteile am Ergebnis...».

Der Kontenrahmen KMU betrifft den Einzelabschluss

Es ist an dieser Stelle nochmals darauf hinzuweisen, dass der Kontenrahmen KMU den Einzelabschluss betrifft. Auch wenn Hinweise zu einzelnen Konten von Konzernen enthalten sind, so fehlen doch die zur Konsolidierung notwendigen zusätzlichen Konten. Dies, weil man die Übersichtlichkeit des Kontenrahmens nicht beeinträchtigen wollte, und weil KMU nur in Ausnahmefällen in Konzernstrukturen hineinwachsen.

Die zur Konsolidierung notwendigen zusätzlichen Konten sind bei Bedarf zu eröffnen und sachgerecht zu benennen. Es stehen zu diesem Zweck genügend freie Konten-Hauptgruppen und -Gruppen zur Verfügung.

89 Steuern

In der Hauptgruppe 89 ist der **Steueraufwand** des Unternehmens auszuweisen. Der gesonderte Ausweis des Steueraufwandes entspricht den Fachempfehlungen gemäss FER Nr. 7.

In der Erfolgsrechnung ist der Gewinn des Unternehmens vor und nach Abzug der Steuern darzustellen (siehe Beispiel der mehrstufigen Erfolgsrechnung).

Es geht hier um die bezahlten oder geschuldeten **direkten Steuern** auf dem Gewinn (Reinertrag) und auf dem Kapital von Unternehmen in der Rechtsform einer **juristischen Person,** wie Aktiengesellschaften, Genossenschaften und Gesellschaften mit beschränkter Haftung.

Der Steueraufwand **natürlicher Personen,** welcher aus der Geschäftstätigkeit einer Einzelfirma oder Personengesellschaft resultiert, ist als Steueraufwand des Einzelfirmeninhabers bzw. Gesellschafters auf dessen Privatkonto (Konto 2856 «Private Steuern») zu verbuchen und darf nicht als Steueraufwand der Firma in der Hauptgruppe 89 «Steuern» verbucht werden.

Gemäss FER Nr. 11 ist bei den Steuern im Konzernabschluss zu unterscheiden in

- laufende Ertragssteuern (aktueller Steueraufwand) und
- latente Ertragssteuern (zukünftiger Steueraufwand).

Unter **laufenden Ertragssteuern** sind die wiederkehrenden, in der Regel jährlich zu veranlagenden Gewinnsteuern zu verstehen.

Latente Ertragssteuern entstehen, wenn die tatsächlichen Werte der Aktiven über den Bilanzwerten liegen, bzw. wenn die Verbindlichkeiten effektiv geringer sind, als bilanzmässig ausgewiesen, z.B. bei Rückstellungen, die über das Mass des zu erwartenden Aufwandes hinausgehen. Die latenten Steuern sind damit in erster Linie zukünftige Steuern auf den stillen Reserven, die aber nach schweizerischem Steuerrecht in der Regel erst bei der Realisierung fällig werden.

Werden die latenten Steuern berechnet, so sind diese als langfristige Rückstellung auf Konto 2640 auszuweisen.

890   Direkte Steuern des Unternehmens

Hier sind die bezahlten sowie geschuldeten direkten Steuern des Unternehmens auszuweisen, wobei verschiedene Möglichkeiten der Gliederung des direkten Steueraufwandes offenstehen, z.B.

8900   Gewinnsteuern
8901   Kapitalsteuern
8902   Periodenfremde Steuern

oder

8900   Kantons- und Gemeindesteuern
8901   Direkte Bundessteuern

Es besteht auch die Möglichkeit, nur die **Ertragssteuern** als Steueraufwand auszuweisen, wogegen die **Kapitalsteuern** unter dem Verwaltungsaufwand (z.B. Konto 6543) erfasst werden.

Indirekte Steuern

Indirekte Steuern sind dagegen nicht hier, sondern je nach Steuerart und Sachverhalt auf die zutreffenden Konten zu verbuchen.

Beispiele:

Die **Emissionsabgabe** bei der Gründung einer Aktiengesellschaft ist auf Konto 1800 zu buchen.

Die **Handänderungsabgabe** beim Kauf einer Lagerhalle ist auf Konto 1638 zu buchen.

Die **Erbschaftssteuer** des Einzelfirmeninhabers ist auf dessen Privatkonto 2856 zu buchen.

Bezüglich **Mehrwertsteuer** vgl. Kommentar zu den Konten 1170, 1171 und 2200 sowie separates Kapitel «Die Mehrwertsteuer, Buchführung und Kontenplan» unter den Hinweisen für den Benutzer. (S. 41 ff.)

9   Abschluss

Durch den Einsatz der elektronischen Datenverarbeitung im Bereich des Rechnungswesens haben die Abschlusskonten ihre Bedeutung und ursprüngliche buchhalterische Zweckbestimmung weitgehend verloren. Die Eröffnung der Bilanzkonten wird beispielsweise meist automatisch vom System vorgenommen, weshalb hierfür in der Regel keine speziellen Konten notwendig sind.

Im Kontenrahmen wird die Bilanz (Kontenklassen 1 und 2) der Erfolgsrechnung (Kontenklassen 3 bis 8) vorangestellt.

Bei den Abschlusskonten in der Kontenklasse 9 dagegen steht die Erfolgsrechnung (Hauptgruppe 90) vor der Bilanz (Hauptgruppe 91). Damit soll einerseits auf den Stellenwert und die Aussagekraft der Erfolgsrechnung hingewiesen und andererseits daran erinnert werden, dass die Erfolgsrechnung vorgängig auszufertigen ist, bevor die Schlussbilanz fertiggestellt werden kann.

Auch das Gesetz führt übrigens die Erfolgsrechnung in Art. 663 vor der Bilanz, welche in Art. 663a geregelt wird.

Der Anwender ist aber grundsätzlich frei, ob er im Geschäftsbericht zuerst die Erfolgsrechnung oder die Bilanz präsentieren will.

90   Erfolgsrechnung

9000   Erfolgsrechnung

91   Bilanz

9100   Eröffnungsbilanz
9101   Schlussbilanz

92   Gewinnverwendung
z.B. bei Personengesellschaften

9200   Gewinnanteil Gesellschafter X
9201   Gewinnanteil Gesellschafter Y

Die Gewinnverwendungskonten dienen als Abwicklungskonten der Verbuchung des zur Verfügung stehenden Gewinnes.

Bei Aktiengesellschaften dagegen wird die Gewinnverwendung in der Regel direkt auf den betreffenden Bilanzkonten verbucht.

99   Sammel- und Fehlbuchungen

Es handelt sich um EDV-technische Konten, die dem elektronischen Buchungs-ablauf dienen. Diese Konten werden im Rahmen der Abschlussarbeiten berei-nigt und weisen nachher keinen Saldo mehr auf.

990   Sammelbuchungen

Für verschiedene Buchungsarten, z.B. Sammelbuchungen von Debito-ren und Kreditoren sind entsprechende Durchlaufskonten notwendig.

9900   Sammelbuchungen Debitoren
9901   Sammelbuchungen Kreditoren

991   Fehlbuchungen

Im Falle von fehlerhaften Buchungen (z.B. einseitige Buchungen oder unklares Gegenkonto) ist ein Fehlerkonto zu führen, das im Rahmen der Abschlussarbeiten sachgerecht zu bereinigen ist.

9910   Fehlerkonto

KONTENRAHMENKMU

Eine Alternative zur Detaillierung im KMU-Kontenrahmen

Soll in Ergänzung zur Finanzbuchhaltung auch eine Kostenstellenrechnung oder eine Kostenträgerrechnung geführt werden, kann auf eine Erweiterung des Kontenplans verzichtet werden, sofern mit einer Software gearbeitet wird, die eine integrierte Kostenstellen-Kostenträger-Rechnung aufweist. Es müssen in einem solchen Falle also keine zusätzlichen Konten erfasst werden, resp. die einzelnen Konten müssen nicht noch weiter detailliert werden. Eine Detaillierung ist über die Kostenarten jedoch möglich. Meist genügt aber schon die Detaillierung, die sich aus der Kostenarten-Kostenstellen-Kombination ergibt.

Mit einer Kostenrechnung lassen sich die Kosten und Erträge aus einer Produktelinie noch differenzierter darstellen, z.B. der Erfolg. Sie zeigt auf, welche Kosten für die einzelnen Teilbereiche eines Unternehmens innerhalb einer Abrechnungsperiode anfallen. Sie erfasst die den Produkten oder Leistungen eines Unternehmens nicht direkt zurechenbaren Kosten und bereitet diese für die Weiterverrechnung auf.

Kosten und Erträge, die direkt einzelnen Kostenträgern zugerechnet werden können, werden bei der Erfassung gleichzeitig in der Finanzbuchhaltung und der Kostenrechnung gebucht. Kosten, die indirekt via Kostenstellenrechnung auf die einzelnen Kostenträger weiterverrechnet werden, werden bei der Erfassung der Aufwände den entsprechenden Kostenstellen zugeordnet und z.B. monatlich so verursachergerecht wie möglich verteilt.

Es gibt einen einzigen Buchungskreis, einen Kontenplan, einen Kostenstellen-Kostenträger-Plan und ein einziges Journal. Beim Buchen wird auf die Kostenart gebucht, wobei der Kostenart die entsprechende Kostenstelle oder Kostenträger zugeordnet wird, d.h. die Eingabe einer Kostenstelle erfolgt gleichzeitig mit der eigentlichen Buchung für die Finanzbuchhaltung. Jede Kostenart führt das zugehörige FIBU-Referenzkonto mit, das die Verbuchung innerhalb der Finanzbuchhaltung gewährleistet.

Durch diese Art der Buchung gibt es keine Differenzen zwischen Aufwand (Finanzbuchhaltung) und Kostenart (Kostenrechnung). Die zeitlichen und sachlichen Abgrenzungen werden mit Kostenarten gebucht, die keine Verbindung zur Finanzbuchhaltung mehr aufweisen.

Die Kostenstellensaldi sind automatisch nach jeder Buchung aktualisiert. Dadurch wird die Aufbereitungszeit für Auswertungen nicht von der Anzahl Buchungen bestimmt. Die Kostenstellen- und Kostenartensaldi auf Monats- und Jahresebene sind also jederzeit und sofort abrufbar.

In den Auswertungen können die Kostenrechnung und die Finanzbuchhaltung getrennt dargestellt werden. So kann z.B. für jede Kostenstelle/Kostenträger oder für eine beliebige Kostenstelle-Kostenträger-Verdichtungsstufe eine Bruttogewinnrechnung erstellt werden.

Kostenarten

Der Kontenarten-Kostenarten-Plan wird in drei verschiedene Kontentypen aufgeteilt: Konten, Kostenarten und interne Verrechnungen.

Durch diese Art der Kontodefinition ist eine optimale Integration zwischen Finanzbuchhaltung und Kostenrechnung möglich. Je nach Kontotyp erfolgt die

Verbuchung nur in der Finanzbuchhaltung (Kontotyp: Konto), in der Finanzbuchhaltung und Kostenrechnung (Kontotyp: Kostenart) oder nur in der Kostenrechnung (Kontotyp: Interne Verrechnung).

Kostenstellen

Die Kostenstellenrechnung zeigt die Kosten für die einzelnen Teilbereiche eines Unternehmens auf. In Form von Zeitvergleichen oder Soll-Ist-Kontrollen kann sie jederzeit Auskunft über die Wirtschaftlichkeit der Kostenstellen vermitteln.

Die Kostenstellensaldi werden mit Aufschlüsselung nach Kostenarten und Monaten geführt. Somit muss nicht für jede Kostenstelle oder Profitcenter ein eigenes Konto definiert werden, die Kostenarten können unter der gleichen Nummer wie die Aufwandart geführt werden. Der Kombinationssaldo Kostenart-Kostenstelle wird bei jeder Buchung aktualisiert.

Als Teil eines gesamten Kostenrechnungssystems liefern die Kostenstellen aussagekräftige Informationen für die nicht direkt zurechenbaren Kostenträgergemeinkosten und bereiten diese für die Weiterverrechnung auf Hauptkostenstellen oder Kostenträger auf.

Kostenträger

Die Kostenträger weisen die in der Kostenartenrechnung erfassten, teilweise aber auch über die Kostenstellen weiterverrechneten Kosten für die einzelnen Kostenträger und Kostenträgerverdichtungsstufen eines Unternehmens aus.

Über Gemeinkostenzuschläge und mit Kostenstellenumlagen können die Kosten weiterverrechnet werden. Die Verbuchung der Gemeinkosten (mengen- und/oder wertmässig) und der Kostenstellenumlagen erfolgt automatisch aufgrund der definierten Gemeinkostenzuschläge und Kostenstellenumlagen.

Die Kostenstellen und Kostenträger können über ein vierstufiges Klassierungssystem beliebig gruppiert und die Daten somit auf verschiedenen Ebenen des Betriebes zu aussagekräftigen Reports verdichtet werden. Für die Gruppierung z.B. nach verantwortungsbezogenen, funktionalen und räumlichen Gesichtspunkten stehen 10 alternative Klassierungsmöglichkeiten zur Verfügung.

Weiterverrechnung der Kosten

Über Gemeinkosten, Kostenstellenumlagen oder Interne Verrechnungen können die Kosten weiterverrechnet werden.

• Gemeinkosten
  Für die Verbuchung der Gemeinkosten unterstützen entsprechende EDV-Systeme sowohl die wertmässige als auch die mengenmässige Verrechnung von Gemeinkosten.

• Kostenstellenumlagen
  Die Hilfskostenstellen werden bis auf die Ebene Kostenart-Kostenstelle nach verschiedenen Schlüsseln auf weitere Hauptkostenstellen umgelegt.

• Interne Verrechnungen
  Für die Verrechnung von sachlichen und zeitlichen Abgrenzungen wie auch von Material und Maschinen werden interne Verrechnungen verwendet. Für die Verrechnung von Leistungen und Maschinen kann pro Leistungs- oder Maschineneinheit ein fester Ansatz definiert werden.

In Ergänzung zur Finanzbuchhaltung stellt die Kostenrechnung ein wichtiges analytisches Führungsmittel in einem modernen Betrieb dar.

Finanzbuchhaltung

Bilanz	
Aktiven Kontenklasse 1 FIBU-Konten	Passiven Kontenklasse 2 FIBU-Konten

Struktur der Kostenrechnung

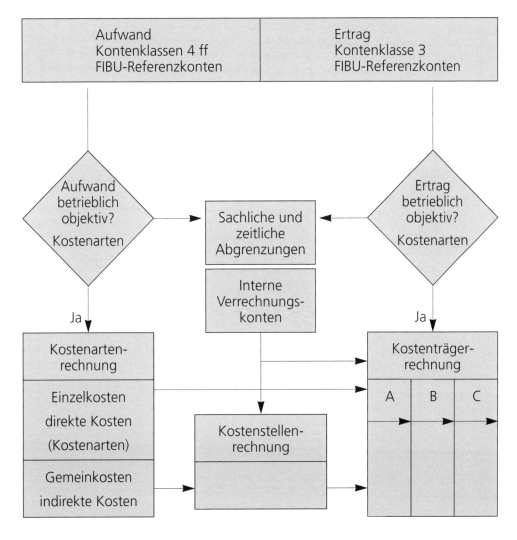

Literaturverzeichnis mit Quellenhinweis

Bundesgesetz über die direkte Bundessteuer DBG
(Eidg. Steuerverwaltung, Hauptabteilung direkte Bundessteuer, 3003 Bern)

Bundesgesetz über die Harmonisierung der direkten Steuern der Kantone und Gemeinden StHG
(Eidg. Drucksachen- und Materialzentrale, 3005 Bern)

FER: Fachkommission für Empfehlungen zur Rechnungslegung
(Die Fachempfehlungen können bei der Treuhand-Kammer, Postfach 892, 8025 Zürich angefordert werden)

Mehrwertsteuer:
Wegleitung für Mehrwertsteuerpflichtige
Verordnung über die Mehrwertsteuer
(Eidg. Steuerverwaltung, Hauptabteilung Mehrwertsteuer, 3003 Bern)

Merkblatt betreffend Aufbewahrungs- und Aufzeichnungspflicht, welcher Steuerpflichtige mit selbständiger Erwerbstätigkeit unterstehen
(Eidg. Steuerverwaltung, Hauptabteilung direkte Bundessteuer, 3003 Bern)

Merkblatt A 1995
Abschreibungen auf dem Anlagevermögen geschäftlicher Betriebe
(Eidg. Steuerverwaltung, Hauptabteilung direkte Bundessteuer, 3003 Bern)

Merkblatt N 1 /1993
Naturalbezüge Selbständigerwerbender
(Eidg. Steuerverwaltung, Hauptabteilung direkte Bundessteuer, 3003 Bern)

Richtlinien für die Ordnungsmässigkeit des Rechnungswesens unter steuerlichen Gesichtspunkten sowie über die Aufzeichnung von Geschäftsunterlagen auf Bild- oder Datenträger und deren Aufbewahrung
(Eidg. Steuerverwaltung, Hauptabteilung Mehrwertsteuer, 3003 Bern)

Schweizerisches Obligationenrecht OR
(Buch-Fachhandel)

Schweizerisches Zivilgesetzbuch ZGB
(Buch-Fachhandel)

Steuerbegünstigte Arbeitsbeschaffungsreserven ABR
(Bundesamt für Konjunkturfragen, 3003 Bern)

Verordnung über die Stempelabgaben StV
(Eidg.Steuerverwaltung, Hauptabteilung Stempelabgaben
und Verrechnungssteuer, 3003 Bern)

**Vollziehungsverordnung zum Bundesgesetz
über die Verrechnungssteuer**
(Eidg. Steuerverwaltung, Hauptabteilung Stempelabgaben
und Verrechnungssteuer, 3003 Bern)

Hinweis auf Band 2 «Buchführung KMU»

Nach dem «Kontenrahmen KMU» nun die «Buchführung KMU»

Es ist der Folgeband über die Buchführung der KMU, basierend auf dem neuen Kontenrahmen für KMU. Dabei werden insbesondere die Buchführungsvorschriften des Obligationenrechtes, des Aktienrechtes, des Bundesgesetzes über die direkte Bundessteuer, der Verordnung über die Mehrwertsteuer sowie die Fachempfehlungen zur Rechnungslegung der entsprechenden Fachkommission «FER» erläutert und ihre Auswirkungen auf die Ausgestaltung des Rechnungswesens für KMU untersucht.

Das Werk beinhaltet eine Anzahl praktischer Tips und Mustervorlagen im Bereich des Rechnungswesens. Von der Darstellung und Gliederung einer Jahresrechnung, aufbauend auf dem neuen Kontenrahmen für KMU, welche den erhöhten heutigen Anforderungen gerecht wird, dem Jahresbericht und dem Anhang zur Jahresrechnung, bis hin zu einer statutenkonformen Einladung der Aktionäre zur Generalversammlung, samt Protokoll, und viele nützliche Tips sollen dem Unternehmer helfen, dass ihm bei der finanziellen Führung seines Unternehmens keine Fehler unterlaufen.

Gerade durch das revidierte Aktienrecht wurde nämlich die Verantwortlichkeit der Verwaltungsräte erhöht. Viele und immer mehr gewerbliche Betriebe werden heute in der Rechtsform der Aktiengesellschaft geführt, oftmals als reine Familien-Aktiengesellschaften oder als Einmannaktiengesellschaften. In diesen Betrieben hat der Inhaber in der Regel ein sehr anspruchsvolles Doppelpensum zu erfüllen. Zur eigentlichen Betriebsführung kommt zusätzlich oft noch das verantwortungsvolle Amt des Präsidenten des Verwaltungsrates hinzu. Nach Gesetz gehört die finanzielle Führung des Unternehmens zu den unübertragbaren und unentziehbaren Aufgaben des Verwaltungsrates.

Das Buch will durch einfache, verständliche und praxisbezogene Anleitungen und Mustervorlagen mithelfen, dass bei der finanziellen Führung des Betriebes keine Fehler passieren, und der Ausschluss der persönlichen Haftung nicht durch Führungsfehler als Mitglied des Verwaltungsrates beeinträchtigt wird.

Möge dieses Werk in vielen KMU bei der Ausgestaltung des Rechnungswesens und bei der finanziellen Führung des Unternehmens als nützlicher Ratgeber dienen.

Aber auch bei der beruflichen Weiterbildung auf dem Gebiet des Rechnungswesens kann und soll dieses Buch Interessierte als praxisbezogenes Lehrmittel begleiten und unterstützen.

Stichwortverzeichnis

KONTENRAHMENKMU

KONTENRAHMENKMU

■ KONTENRAHMENKMU

KONTENRAHMENKMU ▬▬ **221**